# Mein Meerschweinchen

Foto

**Name:**

**Alter:** **Geschlecht:**

**Erworben von:** **am:**

**Gewicht:**

**Besondere Merkmale:**

## Hinweise zur Pflege für die »Urlaubsvertretung«

**Fütterungsplan:** **Medikamente:** **Sonstiges:**

**Anschrift des nächsten Tierarztes:**

**Telefonnummer:**

Anja J. Steinkamp

# Unser Meerschweinchen

Anschaffung, Pflege, richtig füttern

Franckh-Kosmos

Mit 13 Farbfotos von der Firma Mucki (1), Wolfgang Hartung (2), H. Reinhard (9) und A. J. Steinkamp (1), sowie 42 Zeichnungen von M. Bertsch (8), M. Golte-Bechtle (25), E. Katz (2), A. Paysan (6) und der Firma Wagner und Keller (1).

Umschlaggestaltung von Atelier Reichert, Stuttgart, unter Verwendung von Farbaufnahmen von Hans Reinhard.

Die Deutsche Bibliothek – CIP-Einheitsaufnahme

**Steinkamp, Anja J.:**
Unser Meerschweinchen : Anschaffung, Pflege, richtig füttern / Anja J. Steinkamp. – 5. Aufl. – Stuttgart : Franckh-Kosmos, 1994
ISBN 3-440-06843-9

5. Auflage / 1994

ISBN 3-440-06843-9
Printed in Germany / Imprimé en Allemagne
Satz: Fotosatz Stephan, Stuttgart
Herstellung: Huber KG, Dießen

Alle Angaben in diesem Buch sind sorgfältig geprüft und geben den neuesten Wissensstand bei der Veröffentlichung wieder. Da sich das Wissen aber laufend weiterentwickelt und vergrößert, muß jeder Anwender prüfen, ob die Angaben nicht durch neuere Erkenntnisse überholt sind. Dazu muß er zum Beispiel bei Behandlungsvorschlägen den Tierarzt konsultieren, Beipackzettel zu Medikamenten lesen, Gebrauchsanweisungen und Gesetze beachten.

**Bildnachweis**

Bild S. 17 H. Reinhard
Bild S. 18 oben A. J. Steinkamp
Bild S. 18 unten Farmbetriebe Teutoburger Wald
Bild S. 35 oben H. Reinhard
Bild S. 35 unten H. Reinhard
Bild S. 36 oben H. Reinhard
Bild S. 36 unten H. Reinhard
Bild S. 37 H. Reinhard
Bild S. 38 oben H. Reinhard
Bild S. 38 unten H. Reinhard
Bild S. 55 H. Reinhard
Bild S. 56 oben zeigt die richtige Schocklage zur Untersuchung des Tieres. W. Hartung
Bild S. 56 unten W. Hartung

Die Käfigabbildung auf Seite 16 wurde uns freundlicherweise von der Firma Wagner und Keller, Ludwigsburg, zur Verfügung gestellt. Die Abbildung einer Allzweckhütte für Kleintiere auf S. 18 wurde uns von der Firma Mucki, Farmbetriebe Teutoburger Wald, zur Veröffentlichung überlassen.

# Unser Meerschweinchen

# Vorwort

Das Meerschweinchen hat sich, seit es im 16. Jahrhundert von den spanischen Eroberern zu uns gebracht wurde, zu einem der beliebtesten Hausgenossen entwickelt, und dank seiner ungeheuren Vermehrungsfreudigkeit hat es sich schnell in ganz Europa verbreitet. Gerade wir Menschen sind dem Meerschweinchen zu großem Dank verpflichtet, denn unzählige von ihnen mußten zum Wohle der Menschheit ihr Leben lassen als Versuchstiere in medizinischen Labors. *Cavia porcellus,* so der lateinische Name des Schweinchens aus der großen Ordnung der Nagetiere, ist ein ideales Haustier für die Etagenwohnung, aber auch für den Garten. Pflege und Haltung dieser possierlichen Tiere sind überaus einfach. Meerschweinchen sind sowohl in der Unterbringung als auch in der Ernährung nicht sehr anspruchsvoll. Ein einfacher, praktischer Käfig mit einer kleinen Schlafhöhle und einem Futternapf ist für den Anfang schon ausreichend.

Entgegen allen Vorurteilen verbreiten Meerschweinchen übrigens bei richtiger Ernährung und guter Pflege nicht mehr Geruch als jedes andere Haustier auch. Meerschweinchen haben sogar einige unübersehbare Vorteile gegenüber den klassischen Haustieren: Sie beißen und kratzen nicht, sind tagaktive Tiere, und sie haben eine hohe Lebenserwartung. Gerade diese Eigenschaften machen unser Meerschweinchen zu einem idealen Tier für Kinder ab sechs Jahren. Die Kinder lernen dabei unter Anleitung der Eltern oder älterer Geschwister, Verantwortung zu übernehmen, ohne das Tier zu gefährden, denn Meerschweinchen sind groß genug für kleine Kinderhände und nehmen so leicht nichts übel. Aber auch Erwachsene haben ihre Freude an dem kleinen Nager. Für Berufstätige ist es zum Beispiel wichtig, daß man das Tier nicht ständig beaufsichtigen muß. Schon eine Spiel- und Auslaufstunde am Tag, verbunden mit Kämmen und Kraulen, genügt dem kleinen Nager meist, und er wird zutraulich und zahm. Man braucht also weder viel Zeit noch Geld zu investieren, um einem Meerschweinchen ein richtiges Zuhause zu bieten.

In diesem Buch wollen wir nun versuchen, alle Fragen zu beantworten, die sich naturgemäß stellen, wenn man sich ein Tier anschafft.

- Worauf muß ich beim Kauf des Tieres achten?
- Was frißt mein Tier und wieviel?
- Wie pflege ich mein Meerschweinchen?

Dieses und noch vieles mehr soll unser Buch klären und als kleiner Ratgeber helfen, Fehler zu vermeiden.

# Heimat und Herkunft meines Meerschweinchens

Wie schon im Vorwort erwähnt, kommt das Meerschweinchen aus Südamerika. Es wurde dort schon von den Inkas als Haustier gehalten und gezüchtet, hauptsächlich, um als Fleischlieferant zu dienen. Es wird aber vermutet, daß es auch in einigen religiösen Zeremonien dieser hochentwickelten südamerikanischen Kultur eine Rolle spielte. Auch heute noch lebt dort das Meerschweinchen *Cavia cutleri.* Übrigens ist es in einigen Teilen Südamerikas immer noch üblich, Meerschweinchen zu essen. Ihr Fleisch soll ähnlich dem eines Kaninchens schmecken.

Seit dem 16. Jahrhundert gibt es Meerschweinchen auch bei uns in Europa. Anfangs waren sie ausschließlich Spieltiere für Kinder, erst später entdeckte man sie auch für die medizinische und kosmetische Forschung als Versuchstier.

Wildform unseres Hausmeerschweinchens. Zeichnung M. Golte-Bechtle

# Herkunft

Die Familie der *Caviiden,* also der Meerschweinchen, gehört zur Ordnung der Nager. Innerhalb dieser großen Gruppe rechnet man sie zu den *Hystrikomorphen.* Somit ist unser Meerschweinchen ein enger Verwandter des Stachel- und des Wasserschweines. Sie alle sind übrigens nicht mit unserem Haus- oder Wildschwein verwandt, auch wenn sie seinen Namen tragen. Diesen Namen haben sie ihrem Körperbau zu verdanken, denn kurze Beine und ein gedrungener Rumpf sind Merkmale beider Arten.

Warum der kleine Nager aber gerade Meerschweinchen heißt, darüber sind sich die Gelehrten immer noch nicht einig. Das Tier trägt diesen Namen aber wahrscheinlich deshalb, weil es über das Meer aus Südamerika zu uns kam. Der lateinische Name bedeutet hingegen soviel wie »kleines Höhlenschwein«. Das ist sehr viel passender, denn wildlebende Meerschweinchen wohnen in Höhlen, darum sollte auch im Käfig stets ein Unterschlupf vorhanden sein. Der englische Name »guinea pig« ist sogar noch verwirrender als unser deutscher, denn Meerschweinchen kommen keineswegs aus Guinea. Gemeint ist in Wirklichkeit die alte englische Münze »guinee«, die wahrscheinlich dem Wert eines Meerschweinchens entsprach.

Es ist natürlich wichtig zu wissen, daß das Meerschweinchen aus Südamerika kommt, denn Ernährung und Haltung müssen darauf eingestellt werden. Unsere Meerschweinchen stammen von den Gebirgsmeerschweinchen ab, deren Gewandtheit im Klettern bei unseren Tieren aber verloren gegangen ist. Das im Handel erhältliche Meerschweinchen ähnelt heute eher dem kleineren und nicht so gewandten Tieflandmeerschweinchen.

# Wir kaufen ein Meerschweinchen

Der Kauf eines Meerschweinchens sollte, wie der Kauf eines jeden Tieres, genau überlegt sein. Auf keinen Fall sollte man sich beim Schaufensterbummel in einer Zoofachabteilung zum leichtfertigen Kauf eines Meerschweinchens verführen lassen. Vor dem Kauf sollten Sie sich einige Fragen stellen, die zeigen, ob Sie wirklich ein Meerschweinchen haben wollen.

- Haben Sie genügend Raum in Ihrer Wohnung, um für einen geräumigen Meerschweinchenkäfig ein sonniges Plätzchen zu finden?
- Macht es Ihnen auch nichts aus, wenn um den Käfig herum ständig Sägespäne auf dem Boden liegen?
- Haben Sie genügend Zeit, um zu gewährleisten, daß das Tier täglich gefüttert und ein- bis zweimal wöchentlich der Käfig sauber gemacht wird?
- Können Sie täglich etwa 1 Stunde mit Ihrem Meerschweinchen spielen, es kraulen und kämmen?
- Ist für das Tier auch außerhalb des Käfigs genügend Auslauf vorhanden?
- Was machen Sie mit dem Tier, wenn Sie in Urlaub fahren?

Erst wenn Sie alle Fragen beantwortet haben, sollten Sie sich entscheiden, ob Sie ein Meerschweinchen haben wollen oder nicht. Wenn ja, dann sollten Sie zuerst dafür sorgen, daß eine artgerechte Unterbringung gewährleistet ist. Ein provisorisches Zuhause in einem Pappkarton oder in etwas ähnlich ungeeignetem sollte man keinem Tier zumuten.

## Glattes, Rosetten- oder Langhaarmeerschweinchen?

Als nächstes sollten Sie entscheiden, was für ein Meerschweinchen Sie haben wollen, denn Meerschweinchen ist nicht gleich Meerschweinchen. In den Zoogeschäften sind im allgemeinen drei verschiedene Rassen zu haben. Die Englischen Meerschweinchen mit kurzem glattem Haar, in den Geschäften werden sie oft einfach als »Glatte Meerschweinchen« bezeichnet, sind am billigsten in der Anschaffung. Außerdem sind sie sehr widerstandsfähig und leicht zu pflegen. Rosetten-Meerschweinchen sind ebenso leicht zu pflegen, sehen aber lusti-

ger aus. Die langhaarigen Angoratiere sind aber wohl die attraktivsten Meerschweinchen. Ihre Pflege nimmt allerdings mehr Zeit in Anspruch, weil ihr langes seidiges Fell täglich gekämmt und regelmäßig geschnitten werden muß. Für kleine Kinder sind sie daher ungeeignet.
Es gibt auch starke Unterschiede bei den Preisen. Für ein Rosetten-Meerschweinchen muß man circa 15 DM bezahlen. Ein Englisches Meerschweinchen kann man manchmal sogar für 10 DM bekommen. Ein Angora-Meerschweinchen kann hingegen schon einmal mit 20 DM oder mehr zu Buche schlagen. Außerdem sind die Angora-Meerschweinchen in letzter Zeit nur noch sehr schwer zu bekommen.

Wenn Sie sich entschlossen haben, suchen Sie sich ein gutes Zoogeschäft aus. Wenn Sie nicht gerade einen preisgekrönten Zuchtbock haben wollen, ist es am billigsten, seine Tiere direkt vom Züchter zu beziehen. Schauen Sie doch mal in Ihr örtliches Telefonbuch, oder fragen Sie einen Tierhändler. Bestimmt gibt es auch in Ihrer Nähe einen Meerschweinchenzüchter.

Das »Rosetten-Meerschweinchen« besitzt ein Fell aus lauter Haarwirbeln. Zeichnung M. Golte-Bechtle

## Gesund soll es sein!

Wenn Sie nun beim Züchter oder Zoohändler vor dem Meerschweinchenkäfig stehen, sehen Sie sich alle Tiere genau an. Um Ihr Meerschweinchen richtig einschätzen zu können, was normal ist und was nicht, sollten Sie einige Daten kennen:
Ein erwachsenes Meerschweinchen ist bis zu 30 cm lang und zwischen 800 und 1000 Gramm schwer.
Es hat eine Körpertemperatur, die etwas über der des Menschen liegt. Erschrecken Sie also nicht, wenn sich Ihr Meerschweinchen sehr warm anfühlt. Das muß nicht unbedingt Fieber sein. Temperaturen bis 39,5 °C können durchaus vorkommen.
Die Tiere haben einen gedrungenen Körperbau mit einer dichten Behaarung. Kahle Stellen können bei älteren Tieren auftreten. Bei jungen Tieren sind nur die Unterseiten der Pfoten, die Ohren und eine kleine Stelle hinter den Ohren unbehaart.
Die Vorderpfoten haben vier und die Hinterpfoten drei Krallen.
Weibchen und Männchen haben zwei Zitzen.

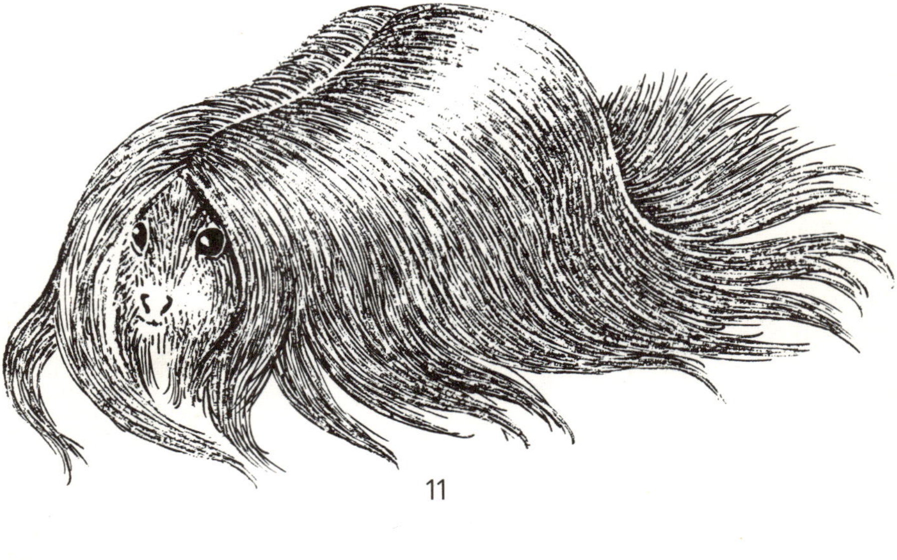

Beim »Angora-Meerschweinchen« ist das Fell lang und seidig.
Zeichnung M. Golte-Bechtle

# Kauf

Fragen Sie vor allem nach dem Alter. Kaufen Sie kein Tier, das jünger als drei Wochen ist. Kaufen Sie aber auch kein Weibchen, das älter als zwei Monate ist, sonst könnte es sein, daß Sie nicht nur ein Tier, sondern eine ganze Familie gekauft haben.
Am besten beobachten Sie die Tiere eine Zeitlang im Käfig, dann werden Sie schnell erkennen, welches Tier einen lebhaften und gesunden Eindruck macht und welches nur apathisch in der Ecke sitzt. Aber auch lebhafte Tiere können krank sein. Achten Sie also auf jedes Anzeichen einer Krankheit. Kaufen Sie kein Meerschweinchen mit tränenden, geröteten oder geschwollenen Augen. Sie können auch leicht feststellen, ob eines der Tiere Durchfall hat. Der mit Kot verklebte After und das schmutzige Fell werden es verraten. Hat das Tier einen wäßrigen oder eitrigen Ausfluß an der Nase oder atmet es keuchend, so hat es wahrscheinlich eine Erkältung, und die sind bei Meerschweinchen oft sehr gefährlich. Wenn Sie Ihr Meerschweinchen auch zur Zucht verwenden wollen, sollten Sie zusätzlich auch auf rassische Merkmale achten.
Nachdem Sie sich nun ein Tier ausgesucht haben, wollen Sie sicher das Geschlecht Ihres neuen Hausgenossen wissen. Das überlassen Sie aber lieber dem Züchter oder Tierhändler, denn solange Sie im Umgang mit Meerschweinchen noch ungeübt sind, könnten Sie ein Jungtier bei der Geschlechtsbestimmung leicht verletzen. Im Anfang werden Sie schon froh sein, wenn Sie das Tier einigermaßen sicher greifen können.

# Ein Meerschweinchen kommt ins Haus

Wenn Sie nun vom Tierhändler kommen und Ihnen ein kleines, zitterndes Etwas mit gespreizten Beinen und angstvoll aufgerissenen Augen aus dem Pappkarton entgegengerutscht kommt, werden Sie kaum glauben, daß dieses Tier Sie einmal laut pfeifend am Käfig begrüßen wird, wenn es Ihre Schritte hört. Aber dazu gehört gar nicht so viel. Am besten gönnen Sie dem Tier in den ersten Tagen etwas Ruhe, damit es sich an die neue Umgebung gewöhnen kann. Vermeiden Sie vor allem in der ersten Zeit heftige Bewegungen und laute Geräusche in der Nähe des Käfigs. Meerschweinchen können viel besser hören als Menschen, und deshalb sind sie auch geräuschempfindlicher.

Auch der Geruchssinn ist viel stärker ausgeprägt. Dafür können Meerschweinchen nicht so gut sehen.
Sie werden schnell herausfinden, wo sich Ihr Schweinchen am liebsten streicheln läßt, zum Beispiel unter dem Hals, auf der Nase oder hinter den Ohren. Wenn das Tier schließlich auf Ihrem Schoß einschläft, sich dabei lang hinlegt, alle Viere von sich streckt und nur noch ab und zu ein leises Grunzen von ihm zu hören ist, dann haben Sie sein Vertrauen gewonnen. Das Ganze läßt sich natürlich beschleunigen, wenn sich Ihr Meerschweinchen mit frischem Salat oder anderen Leckerbissen bestechen läßt.

Wenn Sie mehrere Meerschweinchen haben, werden Sie bald merken, daß jedes einen anderen Charakter hat. Sie werden es vielleicht für unangemessen halten, bei so einem kleinen Tier von Charakter zu sprechen, aber es ist keineswegs übertrieben. Jedes dieser Tiere ist eine kleine Persönlichkeit und nicht nur ein willenloser Klumpen aus Fleisch und Fell, für den es oft gehalten wird.

Ich hatte schon viele Meerschweinchen, und jedes war anders. Manche sind von Anfang an zutraulich, andere bleiben immer mißtrauisch.
Eines läßt mit majestätischer Geduld alles über sich ergehen, während ein anderes mit aller Gewalt seinen Kopf durchsetzen will. Aber wie zahm und anhänglich sie auch sind, keines der Tiere läßt sich dressieren. Ich überlasse es Ihnen, das als Dummheit oder Intelligenz zu interpretieren.

So nicht!

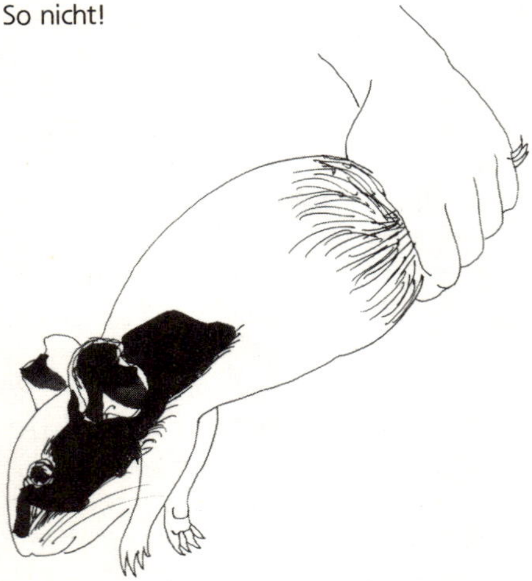

So nicht!

## Richtig tragen!

Wenn Sie das Tier aus dem Käfig herausnehmen, greifen Sie es immer mit beiden Händen, so daß Ihre Finger unter dem Bauch des Tieres liegen. Greifen Sie Ihr Meerschweinchen niemals nur am Nackenfell (wie bei Kaninchen) oder an einem Bein, denn die Tiere haben im Verhältnis zu ihrem Körper sehr zerbrechliche Gliedmaßen. Sobald Sie sich das Meerschweinchen auf den Arm setzen, sichern Sie es immer mit der anderen Hand vor dem Abstürzen. Meerschweinchen können sich beim Fallen die übelsten Verletzungen zuziehen! Kinder sollten das Meerschweinchen stets vorsichtig mit beiden Händen greifen und das Tierchen mit allen 4 Pfoten gegen ihre Brust stellen. Noch besser ist ein Transport-

So faßt man das Meerschweinchen richtig an und hebt es hoch. Zeichnung A. Paysan

So!

körbchen mit einem genügend hohen Rand, der den kleinen Nager vor dem Herausfallen schützt. Kleinen Kindern muß man auch erklären, daß das liebevolle Drücken wie beim Teddybär für das Meerschweinchen unangenehme Folgen haben kann. Zu festes Drücken kann zu tödlichen Verletzungen führen — und das Meerschweinchen kann sich dagegen nicht wehren wie z. B. ein Hund.

## Das neue Zuhause

Richtig wohl fühlen kann sich unser Meerschweinchen in einem großen und artgerecht ausgestatteten Käfig. Nur wer schon einmal gesehen hat, wie ein Meerschweinchen in wildem »Schweinsgalopp« durchs Wohnzimmer rennt, kann begreifen, daß die Tiere einen großen Käfig brauchen. Obwohl Meerschweinchen plump und unbeweglich aussehen, bewegen sie sich gerne und sind schneller, als man denkt. Das werden Sie spätestens merken, wenn die Tiere nach ihrem Galopp im Wohnzimmer nicht einsehen wollen, warum sie wieder in den kleinen Käfig sollen, und Sie ihnen zwischen Tischen und Stühlen nachjagen dürfen.

Ein großer Käfig ist also vor allem wichtig, wenn Sie Ihre Tiere nicht so oft im Zimmer oder im Freien laufen lassen können. Pro Tier sollte mindestens ein Platz von 30 × 60 cm vorhanden sein.

Es gilt jedoch: Je größer der Käfig, desto besser für die Tiere. Bei einem selbstgebauten Käfig können Sie die Größe natürlich beliebig variieren, denken Sie aber daran, daß er noch durch Ihre Tür passen muß. Der Käfig sollte aus festem Material sein. Ein alter Pappkarton ist ungeeignet, auch wenn es nur für den Übergang sein soll. Das Tier würde sich schnell durch die Pappe nagen. Außerdem dringt der Urin des Tieres in das Material ein, und bildet so schnell einen Nährboden für Bakterien und allerlei Ungeziefer. Am besten eignet sich ein Käfig, der aus einer Kunststoffschale und einem abnehmbaren Oberteil besteht. Diesen Käfig kann man auch ab und zu mit heißer Seifenlauge desinfizieren. Meerschweinchen sind zwar Nagetiere, aber ihren Käfig werden sie im allgemeinen verschonen. Deshalb kann man auch einen Käfig aus Holz verwenden. Aus hygienischen Gründen empfiehlt es sich aber, den Boden mit einem Plastikeinsatz zu versehen. Die handelsüblichen Käfige bekommt man je nach Größe und Hersteller für 30—80 DM.

# Unterbringung

## Wir bauen einen Meerschweinchenkäfig!

Wem die käuflichen Käfige zu teuer, zu klein oder zu einfallslos erscheinen, der kann sich mit etwas handwerklichem Geschick und wenig Geld selber einen bauen. Der auf dem Plan beschriebene Käfig hat sich bei meinen Meerschweinchen sehr bewährt, und das Material hat nur etwa 30 DM gekostet. Er besteht im wesentlichen aus einer 75 × 60 cm großen Bodenplatte und — das ist das Besondere — aus einer 30 × 60 cm großen zweiten Etage. Diese vergrößert nicht nur die Lauffläche, sondern bietet den Tieren auch Unterschlupf. Diese beiden Teile sollten aus wasserdicht verleimten Spanholzplatten gefertigt werden, vor allem wenn Sie keinen Plastikeinsatz verwenden. In meinem Käfig habe ich einen Plexiglaseinsatz mit einem Rand aus einer Kunststoffleiste. Wenn der Einsatz gut eingepaßt ist, kann man ihn leicht herausnehmen, um ihn beispielsweise zu desinfizieren.

Handelsüblicher Meerschweinchenkäfig mit Kunststoffschale und abnehmbarem Oberteil. Bezugsquelle Firma Wagner und Keller, Ludwigsburg

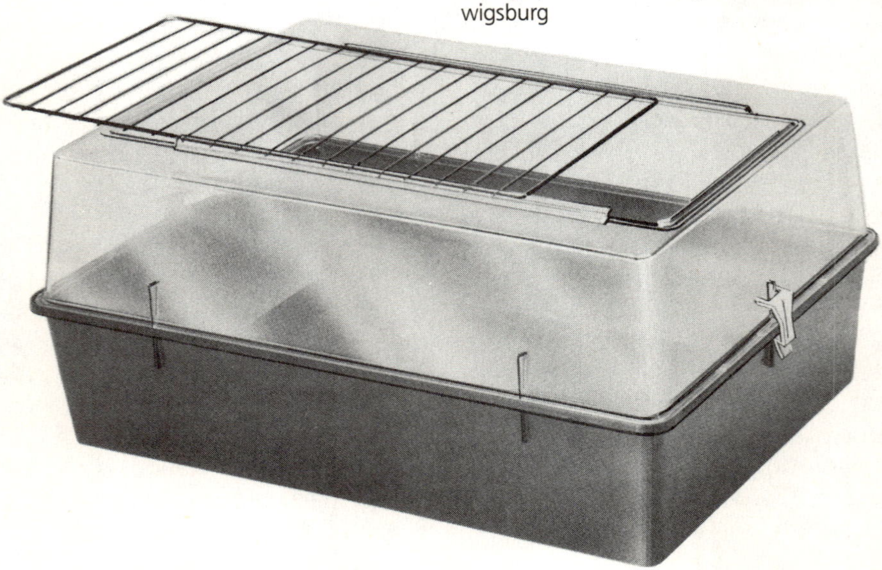

mucki

# Unterbringung

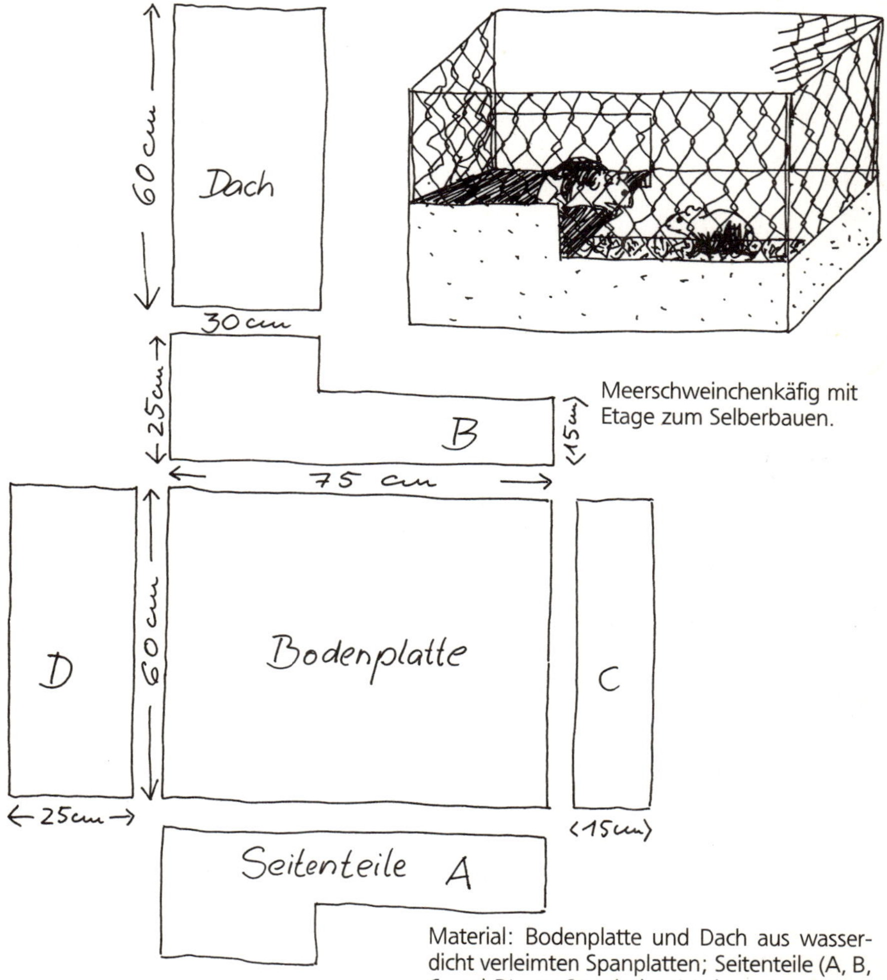


Meerschweinchenkäfig mit Etage zum Selberbauen.

Material: Bodenplatte und Dach aus wasserdicht verleimten Spanplatten; Seitenteile (A, B, C und D) aus Sperrholz; 4 Leisten (ca. 35 cm lang); 2 Kanthölzer (30 cm lang); Maschen- oder Kükendraht. Zeichnung A. Paysan

# Unterbringung

Für die Seitenteile eignen sich am besten einfache Sperrholzplatten. Auch bei einem gekauften Käfig sollte der Rand mindestens 10 cm hoch sein, denn wenn die Tiere so richtig herumtollen, fliegen die Sägespäne im hohen Bogen durch den Käfig. Darum haben wir unsere Seitenteile so groß gewählt. Mit ein paar Nägeln und etwas Holzleim werden die Teile nach dem Aussägen zusammengefügt. Dabei werden zwei Kanthölzer so an den Seitenteilen befestigt, daß man die zweite Etage locker darauflegen kann. Achten Sie aber darauf, daß nirgends Holzsplitter oder gar Nagelspitzen hervorschauen, an denen sich das Meerschweinchen verletzen könnte. An allen vier Ecken des Käfigs werden Leisten befestigt, um die dann Maschen- oder Kükendraht gespannt wird. Der Maschendraht sollte an der flachsten Stelle, und das ist auf der zweiten Etage, mindestens noch 15 cm hoch sein. Trotz des Maschendrahtes ist der Käfig übrigens nicht »kaninchensicher«, weil er keinen Deckel hat.

Ein Meerschweinchen wird aus diesem Käfig aber nicht ausbrechen können. Einige der Tiere sind zwar gute Springer, aber so gut wie Kaninchen sind sie nun auch wieder nicht. Im Gegensatz zu vielen anderen Nagetieren, zum Beispiel den Hörnchen und Mäusen, sind Meerschweinchen auch ausgesprochen schlechte Kletterer. Das liegt hauptsächlich an ihrem Körperbau. Meerschweinchen haben auch gar nicht den Ehrgeiz, unbedingt auszubrechen. Mäuse zum Beispiel finden meistens ein Loch, durch das sie entschlüpfen können, und wenn nicht, dann werden sie nervös und nagen an den Käfigstangen. Meerschweinchen nehmen das Eingesperrtsein viel gelassener hin.

## Ein Sommerquartier

Wenn Sie Ihre Tiere im Sommer im Garten oder auf dem Balkon halten wollen, brauchen Sie natürlich einen ganz anderen Stall. Er muß vor allem wetterfest und gut isoliert sein. Außerdem muß er dem Meerschweinchen Sicherheit vor streunenden Hunden und Katzen bieten. So einen Käfig kann man auch kaufen, denn der Bau ist komplizierter als der eines Käfigs für drinnen. Im wesentlichen besteht der Käfig aus einem doppelwandigen Holzkasten, zwischen dessen Wände ausreichend Isolationsmaterial eingebettet wird. Hierfür kann man Styropor, Glas- oder Steinwolle verwenden. Das Dach wird zusätzlich mit Dach-

pappe versehen. Innen legt man noch eine dritte Bodenplatte ein, die man wie eine Schublade herausziehen kann. Das erleichtert später das Säubern des Käfigs.
Das verwendete Holz sollte man an der Außenseite mit einem Holzschutzmittel streichen, um es vor Verwitterung und Ungeziefer zu schützen. Innen läßt man das Holz unbehandelt, da die Tiere sich vergiften könnten, wenn sie doch einmal daran nagen.
Die Eingangsklappe, bestehend aus einem Holzrahmen und einem starken Drahtgeflecht, sichert die Frischluft- und Lichtzufuhr. Vor die Eingangsklappe hängen Sie nachts und bei schlechtem Wetter einfach einen groben Stoff wie zum Beispiel einen alten Jutesack. Der läßt frische Luft hinein und hält zugleich die Feuchtigkeit ab.
Zum Schluß setzt man den fertigen Meerschweinchenkäfig auf vier Holzpfähle. Man beachte aber, daß diese

Freigehege für Meerschweinchen. Zeichnung M. Bertsch

# Unterbringung

Holzpfähle, die man am besten im Holzhandel als fertige Zaunpfähle kauft, imprägniert sein müssen, denn sonst würden sie verfaulen, wenn man sie in der Erde versenkt. Am besten ist es, wenn man die Pfähle in einer Länge von 1,70 m kauft und dann etwa 50 cm tief in die Erde versenkt. So hat der Käfig eine ideale Höhe und eine optimale Standfestigkeit (Bild S. 18 oben). Alles andere bleibt Ihrer Phantasie überlassen. Sie können den Käfig zum Beispiel bunt anmalen oder ihm ein Spitzdach aufsetzen. Wer beim Basteln nicht so geschickt ist, kann sich auch ein Meerschweinchenhaus kaufen. Die Firma Mucki, Westhagel, 4520 Melle 7, stellt z. B. Allzweckhütten für die Unterbringung von Kleintieren im Freien her (siehe Bild S. 18 unten). In einem solchen Käfig können die Tiere im Frühjahr, Sommer und Herbst ohne Probleme bleiben. Im Winter wird es allerdings etwas schwieriger. Es ist durchaus möglich, die Tiere ganzjährig draußen zu halten, dabei sollten aber unbedingt einige Regeln eingehalten werden. Sorgen Sie dafür, daß immer genügend wärmendes Heu im Stall vorhanden ist. Die Temperatur im Käfig sollte niemals unter 5 °C sinken, denn schließlich kommen Meerschweinchen ja aus dem warmen Südamerika. Viel wichtiger ist es aber, daß Sie das Tier keinen großen Temperaturschwankungen aussetzen, denn die sind gefährlicher als gleichbleibende Kälte. Nehmen Sie das Tier also nicht mit in die warme Wohnung, wenn Sie es anschließend wieder in den kalten Käfig setzen müssen. Da Sie aber so nicht viel von Ihrem Meerschweinchen haben, empfiehlt es sich, das Tier wenigstens in der kalten Jahreszeit ins Haus zu holen.

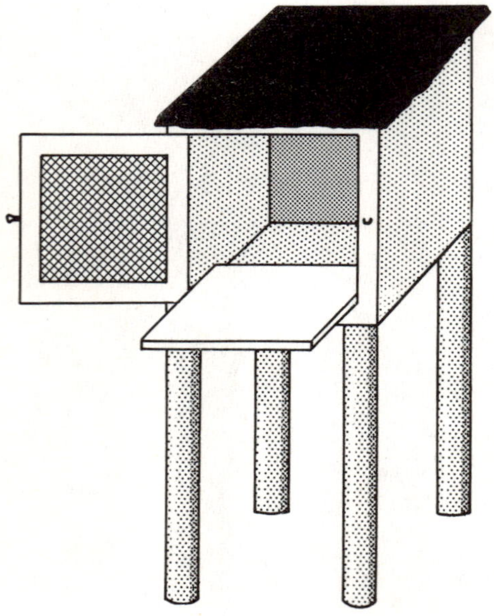

Meerschweinchenkäfig für Garten und Balkon zum Selberbauen. Zeichnung E. Katz

# Unterbringung

## Hausrat für Meerschweinchen

Egal ob Sie Ihr Meerschweinchen im Garten oder in der Wohnung halten, die Ausstattung des Käfigs bleibt natürlich die gleiche. Das Meerschweinchenhaus oder die kleine Schlafhöhle ist der wichtigste Teil des Käfiginventars. Sie bietet unserem kleinen Nager Unterschlupf und Ruhe und bei Sonnenbestrahlung den wichtigen Schatten. Hinzu kommt noch ein Futternapf und eine Wasserschale. Noch besser ist allerdings eine Trinkflasche mit Kugelventil zum Aufhängen. Eine solche Flasche – es gibt sie für etwa 6 DM von verschiedenen Herstellern – ist viel hygienischer, weil das Wasser nicht verschmutzt oder verschüttet werden kann. Die Flaschen neigen aber dazu, Algen anzusetzen, vor allem wenn sie im direkten Sonnenlicht hängen. Ich habe mir für diesen Zweck eine sehr kleine Flaschenbürste gekauft, mit der man sowohl die Flasche als auch das Metallrohr säubern kann. Eine solche Flaschenbürste bekommen Sie entweder in der Haushaltwarenabteilung eines Kaufhauses oder in einer Zoohandlung, die Aquarienzubehör führt. Es gibt aber auch Meerschweinchen, die sich nicht an eine solche Wasserflasche gewöhnen können und lieber ganz auf Wasser verzichten. Das ist nichts Ungewöhnliches, denn wenn die Tiere jeden Tag frisches Grünfutter

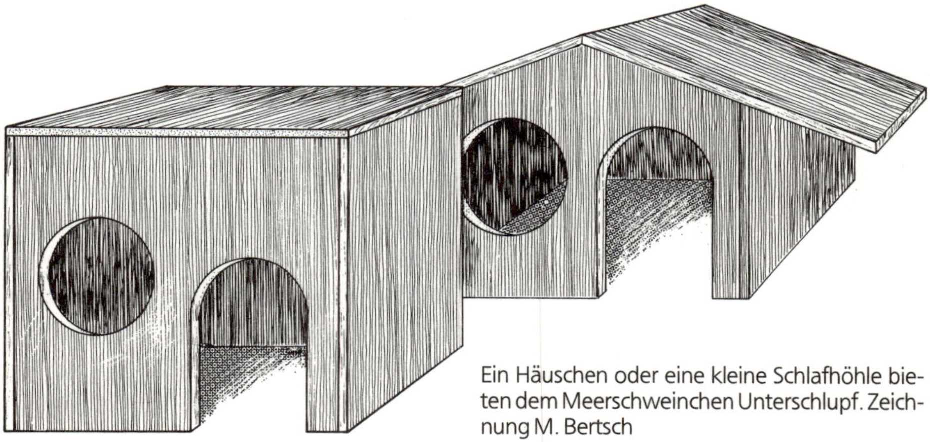

Ein Häuschen oder eine kleine Schlafhöhle bieten dem Meerschweinchen Unterschlupf. Zeichnung M. Bertsch

# Unterbringung

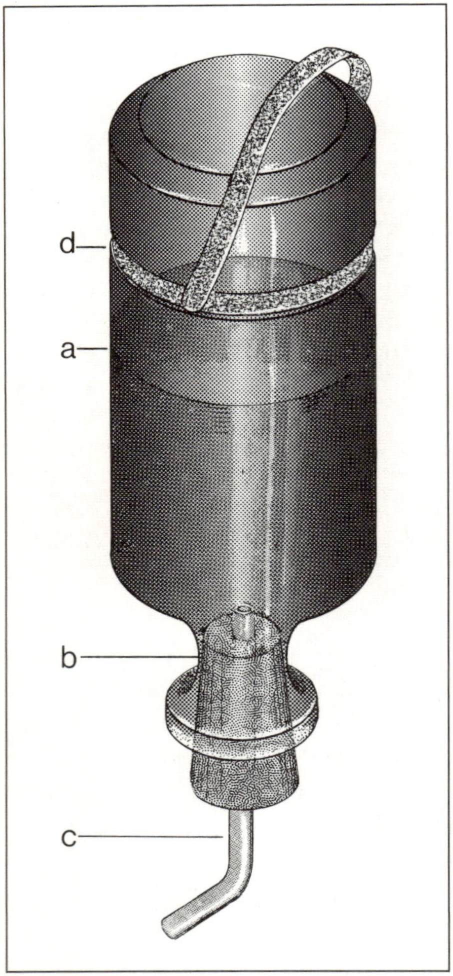


Meerschweinchentränke. (a) Flasche mit Haltevorrichtung (d), (b) durchbohrter Gummistopfen, (c) gebogenes Trinkröhrchen aus Glas. Zeichnung M. Bertsch

bekommen, können sie gut auf zusätzliches Wasser verzichten.

Der Futternapf sollte am besten aus Porzellan sein, dann ist er leicht zu reinigen und schwer genug, um nicht gleich umzufallen, wenn die Meerschweinchen ihre Pfoten auf den Rand stellen. Verschüttetes Futter nehmen die kleinen Nager nämlich nur sehr ungern wieder auf. Aus diesem Grund empfiehlt sich auch die Anschaffung einer Futtertraufe. Aus ihr lassen sich Heu und Grünfutter leicht und sauber verfüttern. In guten Käfigen ist so eine Futtertraufe schon gleich mit eingebaut. Man kann sie aber auch zum nachträglichen Einbau kaufen oder aus etwas Draht selber zurechtbiegen. Das ist schon alles, was man über die Ausstattung eines Meerschweinchenkäfigs wissen sollte. Spielzeug, wie es zum Beispiel Hamster und Mäuse gerne haben, brauchen unsere »Schweinchen« nicht. Dafür sind sie zu ungeschickt.

Bevor man das Tier in den Käfig setzen kann, muß natürlich noch für einen geeigneten Bodenbelag gesorgt werden. Die meisten Meerschweinchenbesitzer verwenden sogenanntes Kleintierstreu, das aus Sägespänen oder Sägemehl besteht. Um jede Geruchsbildung zu verhindern, kann man auch etwas Katzenstreu daruntermischen. Etwas billiger wird es, wenn Sie

statt dem üblichen Streu Torfmull benutzen. Torfmull hat allerdings einen Nachteil. Sowohl Ihr Meerschweinchen als auch die nähere Umgebung des Käfigs werden immer mit einer dünnen braunen Staubschicht bedeckt sein. Das macht den Tieren zwar nichts aus, wird Ihnen aber bald Proteste von Seiten Ihrer zweibeinigen Mitbewohner einbringen. Wenn Sie Geld sparen wollen, rate ich Ihnen, sich Ihr Sägemehl in einer Holzhandlung zu besorgen. Einige dieser Firmen brauchen ihre Holzabfälle allerdings selber, um Energie daraus zu gewinnen. Trotzdem lohnt es sich auf alle Fälle, einmal nachzufragen, denn das Kleintierstreu aus der Zoohandlung ist, wenn man vom reinen Materialwert ausgeht, viel zu teuer.

Was für ein Streu Sie auch verwenden, es ist auf jeden Fall von Vorteil, ein paar Seiten einer alten Zeitung darunter zu legen. Das Papier nimmt zusätzlich Feuchtigkeit auf, und wenn man den Käfig sauber macht, kann man den alten Bodenbelag einfach in die Zeitung einrollen. Auf diese Weise geht es am schnellsten und am saubersten. Ich habe außerdem noch einen anderen Vorteil dieser Methode entdeckt, oder — besser gesagt — meine Meerschweinchen haben es. Sie haben nämlich herausgefunden, wie sie mich dazu bringen, den Käfig sauber zu machen, wenn ich keine Zeit oder Lust habe. Sie fangen einfach an, die Zeitung freizulegen, um sie dann mit ihren scharfen Zähnen in winzige Stücke zu zerreißen. Das macht nicht nur Krach, es ist auch eine grandiose Schweinerei. Aber auch wenn Ihre Meerschweinchen diesen Trick noch nicht entdeckt haben, sollten Sie den Käfig ein- bis zweimal in der Woche saubermachen. Das ist aber auch von der Größe des Käfigs und der Anzahl der Meerschweinchen abhängig.

## Ein bißchen Auslauf

Während Sie den Käfig sauber machen, sollten Sie die Tiere im Zimmer herumlaufen lassen. Wenn die Meerschweinchen ihre anfängliche Scheu überwunden haben, werden sie die gebotene Gelegenheit nur zu gerne nutzen und sich wahre Wettrennen liefern. Es ist erstaunlich, welche Schnelligkeit die kleinen plumpen Tiere dabei entwickeln können.

Es wird übrigens oft behauptet, daß Meerschweinchen vor einem Hindernis einfach stehenbleiben und kapitulieren. Ich habe da ganz andere Erfahrungen gemacht. Wenn ich meinen Tieren auf ihren gewohnten Renn-

strecken durch mein Wohnzimmer ein Hindernis aufbaue, so springen oder klettern sie darüber, wenn es möglich ist. Jonathan, ein pechschwarzer junger Bock, schafft dabei Sprünge von etwa 30 cm Weite und 10 cm Höhe, obwohl das Hindernis viel kleiner ist.

Wenn Ihr Meerschweinchen in der Wohnung herumlaufen darf, so lassen Sie es am besten nie unbeaufsichtigt, denn es lauern zahlreiche Gefahren auf einen kleinen Nager, die Sie auf den ersten Blick vielleicht gar nicht erkennen. Die größte Gefahr sind wohl offen herumliegende Stromkabel. Als echte Nager müssen Meerschweinchen alles Neue zuerst einmal in die Schnauze nehmen, um festzustellen, ob es nicht vielleicht freßbar ist. Bei einem Stromkabel kann das schnell den Tod bedeuten.

## Gefahren in Haus und Garten

Daß Meerschweinchen keine Gelegenheit haben sollten, Stromkabel anzunagen, habe ich schon erwähnt. Selbst wenn das Meerschweinchen beim Kabelannagen keinen Schaden davonträgt, stellen halbangenagte Elektrizitätskabel eine Gefahr für Haus und Bewohner dar. Es gibt aber auch weniger lebensbedrohliche Gefahren, die man aber trotzdem ausschalten sollte:

Auf Schlingenauslegeware bleiben die Tiere leicht mit den Krallen hängen und renken sich ein Bein aus. Vermeiden Sie auch, daß viele Menschen im Zimmer herumlaufen. Wie leicht übersieht man so ein kleines Tier und verletzt es aus Versehen. Eine offenstehende Tür kann leicht zuschlagen, während das Meerschweinchen gerade hinausschlüpfen will. Auch wenn sie nicht zuschlägt, so gibt sie doch den Weg frei zu neuen Gefahrenquellen.

Eine Gefahr, die im Käfig auf das Meerschweinchen lauert, ist Zugluft. Wenn der Käfig an einem zugigen Ort steht, können die Tiere leicht Erkältungen oder Augenentzündungen davontragen.

Sie sehen also, daß auch der Standort des Käfigs richtig gewählt werden muß. Vor dunklen und zugigen Kellerräumen ist unbedingt zu warnen. Nur ein sonniger und trockener Standort garantiert dem Tier ein langes und gesundes Leben.

Im Sommer können Sie Ihrem Meerschweinchen zusätzlichen Auslauf und frische Luft bieten, wenn Sie aus ein paar Latten und etwas Maschendraht ein Außengehege bauen. Noch einfacher ist es natürlich, das Gehege nur aus Maschendraht zu machen. So ein

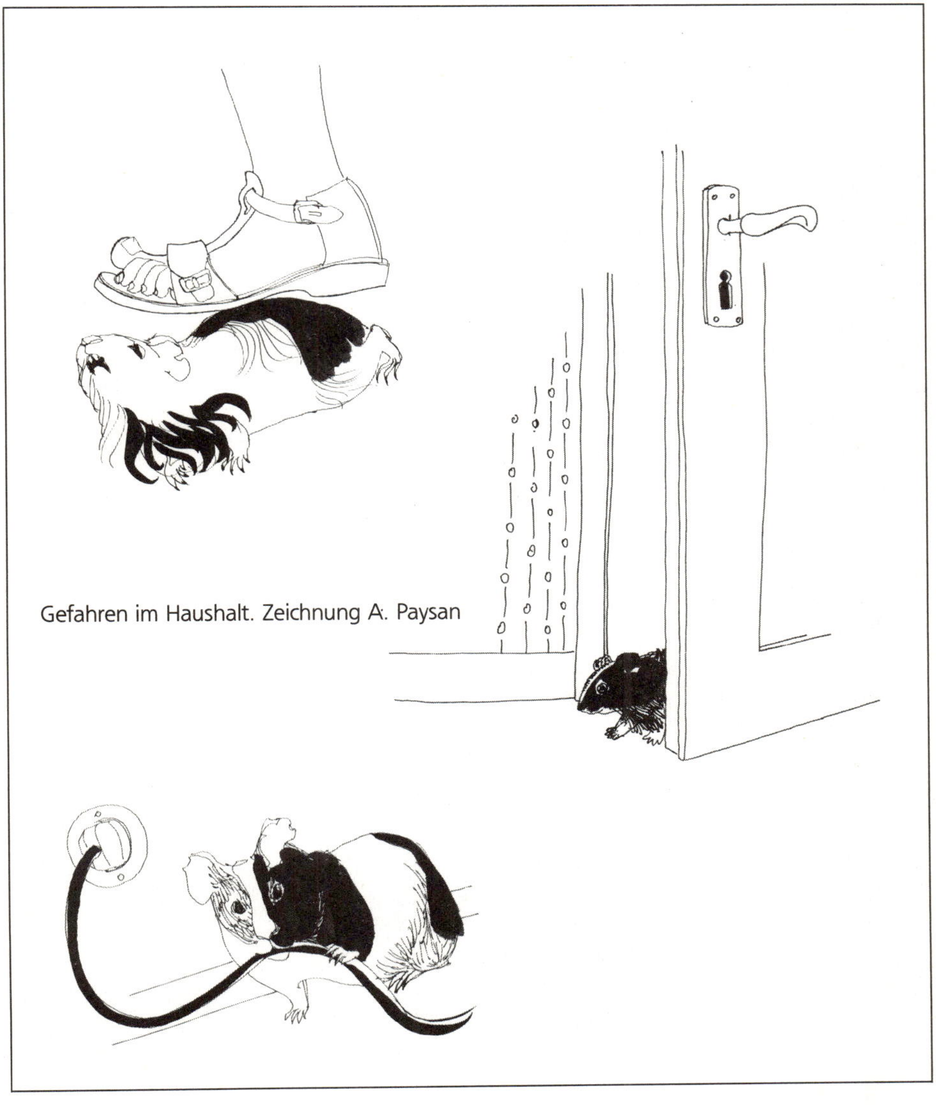

Gefahren im Haushalt. Zeichnung A. Paysan

# Unterbringung

Gehege kann man leichter transportieren, es ist aber nicht so stabil. Bedenken Sie also, daß ein Gehege unser Meerschweinchen davon abhält wegzulaufen, es aber nicht vor gefährlichen Eindringlingen schützen kann, denn für einen kräftigen Hund ist Maschendraht kein echtes Hindernis. Unser Meerschweinchen sollte also immer beaufsichtigt werden, während es im Außengehege ist.

Obwohl das Meerschweinchen aus dem warmen Südamerika kommt, kann es vorkommen, daß ein Tier, besonders wenn es dunkel gefärbt ist, einen Hitzschlag erleidet. Deshalb sollte man bei großer Hitze für einen schattigen Unterschlupf sorgen. Ebenso dürfen unsere Schweinchen natürlich nicht im Regen draußen bleiben. So leicht bekommen Meerschweinchen zwar keine Erkältung, aber wenn es sie einmal erwischt hat, endet das oft tödlich.

Vorsicht ist auch beim Herumtragen geboten: Meerschweinchen sind nicht so behende und gelenkig wie z. B. eine Katze und können sich beim Fallen so schwer verletzen, daß oft keine Hilfe mehr möglich ist.

Auch beim Auslauf im Freien lauern Gefahren: Hunde und Katzen können eindringen und bei zuviel Sonne droht ein Hitzschlag! Zeichnung M. Bertsch

# Ernährung

## Wie füttere ich mein Meerschweinchen richtig?

Das richtige Futter ist schon die Hälfte der ganzen Meerschweinchenpflege, denn nur eine richtige Ernährung kann vor gefährlichen Mangelerkrankungen schützen. Wer das Trockenfutter selber mischt, der kann Geld sparen und sich ganz auf den Geschmack des Tieres einstellen. Man muß aber darauf achten, daß es dem Tier an nichts fehlt, denn Meerschweinchen brauchen genau wie alle anderen Tiere eine ausreichende Menge an Kohlehydraten, Fetten, Eiweiß, Salz und Vitaminen. Getreidekörner, Sonnenblumenkerne und grünes Preßfutter sind eine gute Mischung. Da man diese Bestandteile aber meistens nur in großen Mengen bekommt, ist dem Halter eines einzelnen Meerschweinchens davon abzuraten. Wenn das Futter zu lange liegt, verliert es nicht nur an Nährwerten, sondern kann auch verfaulen und Schimmel ansetzen. Dann ist das Futter nicht nur unbrauchbar, sondern hochgradig giftig. Wenn man nur wenige Meerschweinchen hat, macht sich der Preisunterschied ja auch kaum bemerkbar, denn 1000 Gramm Meerschweinchenalleinfutter kosten zwischen 7 DM und 12 DM, wobei das Markenfutter wesentlich teurer ist als das vom Tierhändler selbstgemischte. Trotzdem bestehen sie aus fast den gleichen Bestandteilen, und es gibt kaum qualitative Unterschiede. Überlassen Sie das Mischen des Futters also ruhig den Futtermittelherstellern und Meerschweinchengroßzüchtern.

Wichtig ist vor allem, daß das Futter nicht unnötig oft gewechselt wird. Dafür sorgen manche Meerschweinchen aber auch selber. Es kann nämlich durchaus vorkommen, daß sich die Tiere weigern, eine neue Futtersorte anzunehmen.

Wenn es Ihre Zeit erlaubt, sollten die Tiere möglichst zweimal am Tag gefüt-

Futter- oder Trinknapf aus Steingut. Zeichnung M. Bertsch

tert werden, denn es gilt das gleiche für Mensch und Tier. Mehrere kleine Mahlzeiten sind gesünder und bekömmlicher als eine große.

Neben dem überall käuflichen Alleinfutter gibt es in den meisten Zoofachgeschäften noch verschiedene Leckereien zum Zufüttern, wie zum Beispiel grünes Preßfutter, Heuwürfel, Knabberstangen und noch vieles mehr. Über die Zweckmäßigkeit dieser Produkte mag man streiten, klar ist aber, daß sie zumeist sehr kostspielig sind. Preßfutter befriedigt den Nagetrieb der Tiere und ist sehr zu empfehlen, falls man übergewichtige Meerschweinchen hat. Knabberstangen enthalten meist nur das normale Alleinfutter, sie zwingen die kleinen Nager jedoch, etwas für ihr Futter zu tun und nicht nur träge vor dem Futternapf zu sitzen.

Heu kann man als gepreßte Heuwürfel oder ungepreßt in kleinen Portionen kaufen. Wer den nötigen Platz hat, sollte aber von der Möglichkeit Gebrauch machen, einen ganzen Ballen Heu einzukellern. So ein Ballen kostet in einer Futtermittelhandlung oder direkt beim Bauern etwa 5 DM, und das ist nur ein Bruchteil dessen, was man im Geschäft bezahlt. Außerdem reicht ein Ballen Heu für ein bis zwei Tiere fast ein Jahr. Egal in welcher Form, Sie soll-

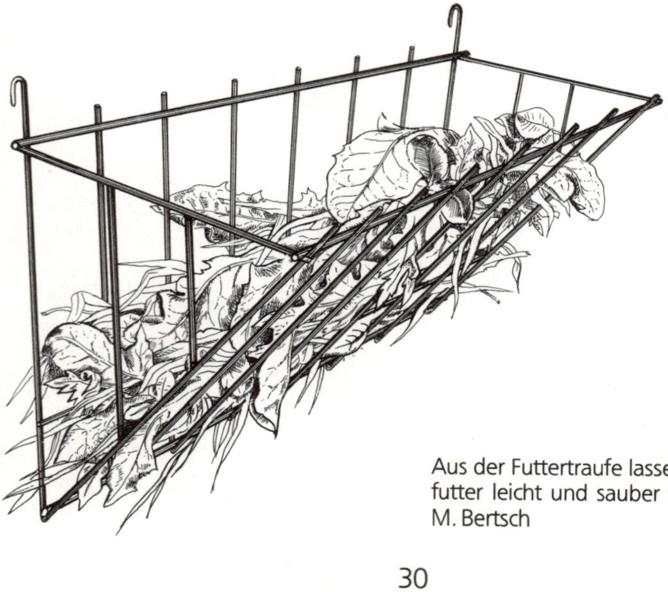

Aus der Futtertraufe lassen sich Heu und Grünfutter leicht und sauber verfüttern. Zeichnung M. Bertsch

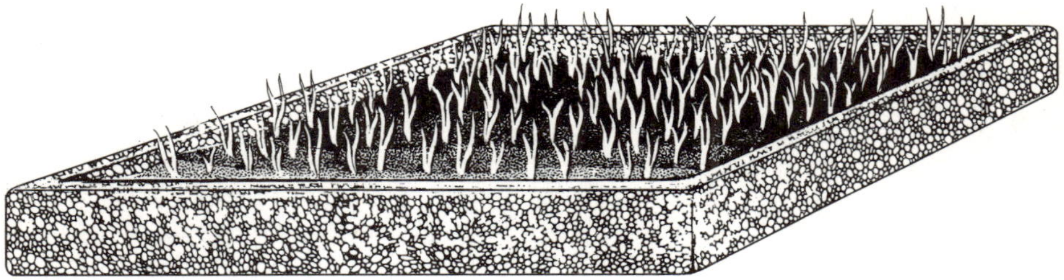

Im Aussaatkistchen aus Styropor läßt sich auch im Winter frisches Grünfutter heranziehen. Zum Aussäen eignen sich Gras, Salat und Getreide. Zeichnung M. Bertsch

ten Ihrem Meerschweinchen wenigstens von Zeit zu Zeit Heu anbieten, denn es befriedigt den Nagetrieb, enthält Ballaststoffe und ist gut für die Verdauung.

Es gibt noch viele andere Produkte, auf die wir hier gar nicht näher eingehen wollen, wie zum Beispiel Vitaminelixiere, Knabberherzen, Nagerbrötchen und unzählige mehr oder weniger sinnvolle Produkte. Wer sein Meerschweinchen richtig ernährt, braucht diese zusätzlichen Leckereien nicht. Sie sind aber nicht schädlich, und warum sollten Sie Ihrem Meerschweinchen nicht einmal ein Knabberherz oder ein Spezial-Nager-Sesambrötchen gönnen.

Wirklich wichtig hingegen ist frisches Grünfutter, das Sie Ihrem Meerschweinchen neben dem Trockenfutter anbieten sollten. Hierfür sind zum Beispiel Gurke, Apfel, Salat, Petersilie, Mohrrübe, Tomate und Kartoffel geeignet. Im Sommer kann man eine Menge Geld sparen, wenn man im Garten frisches Gras, Klee und Löwenzahn sammelt. Die Sammelstelle sollte aber nicht zu nahe an einer Straße liegen und nicht mit Pflanzenschutzmitteln behandelt worden sein. Das Gras sollte frisch, aber trocken sein, um Blähungen zu vermeiden. Sie können Ihrem Meerschweinchen auch Kohl geben, aber hier ist Vorsicht geboten. Einige der Tiere reagieren mit Verstopfung auf die Verfütterung von Kohl. Manche Meerschweinchen lehnen Kohl auch von vornherein ab. Außerdem wird dem Futtermittel Kohl nachgesagt, es sei schuld an dem alten Vorurteil, daß Meerschweinchen unangenehm riechen. Falls man Kohl verfüttern will, beginnt man am besten mit kleinen Mengen. Wenn sich keine Schwierigkeiten ergeben, kann die Menge dann gesteigert werden.

# Ernährung

Nachdem wir die Frage nach dem »Was« geklärt haben, wenden wir uns dem »Wieviel« zu. Ein ausgewachsenes Tier braucht je nach Größe und Futterverwertung 30–50 Gramm Trockenfutter. Wenn Sie dafür sorgen, daß der Futternapf immer voll ist, können Sie aber auch nicht viel falsch machen, denn Meerschweinchen überfressen sich im allgemeinen nicht an Trockenfutter. Die Menge des Grünfutters richtet sich danach, ob Sie dem Tier Wasser geben oder nicht. Wenn Sie kein Wasser geben, brauchen Sie natürlich mehr Frischfutter. Sie sollten dann auch nur stark wasserhaltiges Futter benutzen. Pro Tier und Tag zum Beispiel einen halben Apfel, ein Viertel eines Salatkopfes oder 70 Gramm Gurke. Wenn Sie dem Tier Wasser geben, verringern Sie die Mengen um mindestens die Hälfte. Hier sollte man sich möglichst genau an die Mengenangaben halten, denn zu wenig kann zum Verdursten und zu viel zu Durchfall führen. Im Anfang werden Sie vielleicht noch etwas unsicher sein und mit einer Waage hantieren müssen, aber spätestens nach 1–2 Wochen haben Sie das »Was« und »Wieviel« bestimmt schon im Gefühl.

Aber nicht nur das »Was« und das »Wieviel« ist wichtig, auch das »Wann« spielt eine Rolle. Sie sollten das Meerschweinchen an bestimmte Fütterungszeiten gewöhnen und sich auch selber möglichst genau daran halten. Das ist nicht nur gut für die Gesundheit des Tieres, sondern erleichtert auch die »Zähmung der Bestie«.

Kommen wir noch zu einigen Hinweisen, die nur indirekt mit der Ernährung zu tun haben. Hier muß man unbedingt altes Brot beziehungsweise alte Brötchen erwähnen. Sie enthalten fast keine Nährstoffe, tragen aber dazu bei, daß die Zähne unseres Meerschweinchens nicht zu lang werden. Da zu lange Zähne eine tödliche Gefahr darstellen, (darauf kommen wir aber noch im Kapitel »Pflege« zu sprechen) empfiehlt es sich, immer ein altes Brötchen oder ein Stück trockenes Brot im Käfig zu haben. Es ist selbstverständlich, daß das Brot wirklich trokken und niemals feucht oder gar schimmelig sein darf.

Das nächste Thema ist die zusätzliche Salzzufuhr. Im fertigen Meerschweinchenfutter sind im allgemeinen schon genügend Salze und Mineralien enthalten. Trotzdem können Sie Ihrem Meerschweinchen zusätzlich einen Salzleckstein in den Käfig hängen. Sie sollten aber kontrollieren, wieviel die Tiere davon verbrauchen. Wenn so ein Salzleckstein in wenigen Tagen verbraucht ist, dann sollten Sie einige Wochen vergehen lassen, bevor Sie den Tieren einen neuen anbieten. Norma-

lerweise sollte ein Stein für 1–2 Tiere mehrere Monate reichen. Ein Salzleckstein ist recht preiswert, zumal Sie sicher sein können, daß so genau die richtigen Salze im richtigen Mischungsverhältnis angeboten werden. Außerdem werden diese Steine meist zusammen mit einer praktischen Halterung angeboten. Das ist wichtig, denn wenn der Stein lose am Boden des Käfigs liegt, wird er vom Urin der Tiere aufgeweicht und damit unbrauchbar.

## Fehler beim Füttern

Ernährungsfehler können sich durchaus schwerwiegend auswirken, und man darf die Folgen nicht unterschätzen. Es gibt ein paar Hinweise, die Sie auf jeden Fall beachten sollten. Über die Gefahren von Kohl und verschimmeltem Futter haben wir schon gesprochen. Nasses Gras oder frisches, noch grünes Heu können Blähungen verursachen, die durchaus gefährlich sind. Scheint jedoch die Sonne und das Gras ist trocken, wird sich Ihr Meerschweinchen freuen, wenn Sie es mit nach draußen nehmen. Passen Sie aber auf, daß keine Hunde oder Katzen in der Nähe sind, die dem Meerschweinchen nach dem Leben trachten könnten.

Wenn Ihr kleiner Nager genüßlich an den Grashalmen knabbert, brauchen Sie übrigens keine Angst haben, daß ihm etwas Falsches zwischen die Zähne geraten könnte. In dieser Hinsicht sind Meerschweinchen wirklich nicht empfindlich. Sie können sogar Tollkirschen fressen, ohne daß sie ihr pelziges Leben lassen müssen.

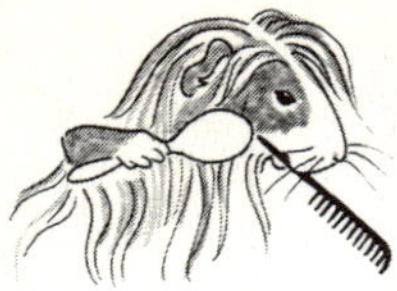



# Pflege

## **Fellpflege muß sein!**

Wir wollen hier mit dem wichtigsten Teil der Meerschweinchenpflege beginnen, nämlich mit der Fellpflege. Es liegt in der Natur der Dinge, daß die Angorameerschweinchen hier am anspruchsvollsten sind, denn ihr Haar kann durchaus eine Länge von 20 cm erreichen. Ein Angorameerschweinchen sollte mindestens einmal, besser zwei- bis dreimal pro Woche mit einer weichen Bürste gekämmt werden, um Verfilzungen zu vermeiden. Außerdem bekommt das Fell so einen seidigen Glanz. Das ist allerdings nur der Fall, wenn das Tier auch richtig ernährt wird. Bei falscher Ernährung können Sie so viel bürsten, wie Sie wollen, das Fell wird stumpf bleiben. Besonders Sonnenblumenkerne und Leinsamen tragen mit ihren Wirkstoffen zur Fellpflege bei.

Auch wenn es für das Fell des Meerschweinchens von Vorteil wäre, sollten Sie Ihr Tier nur im äußersten Notfall baden. Wenn Ihr Meerschweinchen zum Beispiel Durchfall hat und das Fell um den After verklebt ist oder das Tier auf andere Weise stark schmutzig geworden ist, läßt es sich wohl kaum vermeiden. In diesem Fall sollten Sie wie folgt vorgehen: Füllen Sie eine Kunststoffschüssel oder eine Wanne etwa 2–3 Finger hoch mit lauwarmem Wasser. Setzen Sie das Tier so weit wie nötig hinein und vermeiden Sie auf jeden Fall, daß der Kopf des Tieres unter Wasser gerät. Nun können Sie das Tier vorsichtig reinigen. Wenn es nötig ist, können Sie dazu auch ein mildes Babyshampoo verwenden. Dieses sollte aber nicht mit dem Kopf des Tieres in Berührung kommen und anschließend vollständig herausgewaschen werden. Wenn das Tier nun sauber ist, nehmen Sie es heraus und rubbeln Sie es mit einem Handtuch vorsichtig trokken. Ein langhaariges Tier können Sie auch zusätzlich mit einem Fön auf niedrigster Stufe trocknen. Anschließend sollte das Meerschweinchen in einen sauberen, trockenen und mit viel wärmendem Heu ausgelegten Käfig gesetzt werden. Zugluft oder Kälte können sich jetzt tödlich auswirken.

Die Fellpflege des Angorameerschweinchens wird natürlich etwas einfacher, wenn Sie von Zeit zu Zeit Friseur spielen und die Haare des Tieres etwas kürzer schneiden. Das wird sowieso ab und zu nötig sein, denn bedenken Sie, daß ein derartiger Pelz vor allem im Sommer sicherlich nicht an-

genehm ist. Unter Züchtern gilt aber, daß mit der Länge der Haare auch der Wert des Angorameerschweinchens wächst. Ich würde Ihnen raten, das Haar nicht kürzer als etwa 10 cm zu schneiden, denn schließlich gehört das lange Haar ja zur Eigenart des Tieres und macht seinen besonderen Reiz aus. Nur den Pony und die Haare um den After würde ich etwas kürzer halten.

Wenn Sie sich nun entschlossen haben, den Pelz Ihres Angorameerschweinchens etwas zu lüften, sollten Sie vorsichtig vorgehen und einen Helfer bitten, das Tier festzuhalten, denn wenn das Tier strampelt und versucht wegzulaufen, könnte es sich leicht an der Schere verletzen. Bei kurzhaarigen Tieren erübrigt sich diese Arbeit, denn alles, was zur Fellpflege nötig ist, können die Tiere selber erledigen. Um ein glänzendes Fell zu erzielen, ist die richtige Ernährung und von Zeit zu Zeit ein Durchbürsten des Fells schon ausreichend.

Bei Rosettenmeerschweinchen sind jedoch alle Versuche, etwas Ordnung in das Fell zu bringen, von vornherein zum Scheitern verurteilt. Aber das ist ja auch gar nicht nötig, denn das wirre, in alle Richtungen abstehende Haar ist ja bewußt aus den Tieren herausgezüchtet worden.

## Zu lange Nagezähne

Wir haben schon erwähnt, daß der Mangel an geeignetem Hartfutter dazu führt, daß die Zähne des Meerschweinchens zu lang werden. Wie bei allen Nagetieren wachsen seine Zähne nämlich auch dann weiter, wenn sie kaum gebraucht werden. Das ist sehr gefährlich, denn die langen, spitzen Zähne bohren sich beim Fressen in die Zunge oder ins Zahnfleisch. Schließlich wird das Tier jede

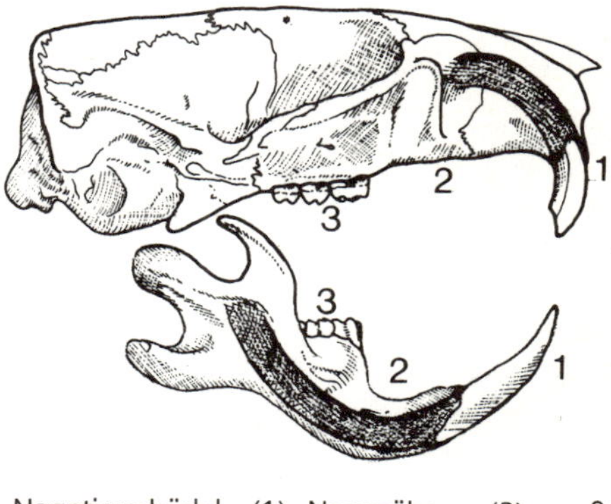


Nagetierschädel. (1) Nagezähne; (2) große Zahnlücken; (3) Backenzähne.
Die Nagezähne wachsen ständig nach, so daß sie sich an den Schnittkanten laufend abnutzen müssen. Meerschweinchen benötigen daher ständig harte Gegenstände (Holz, altes Brot), an denen sie herumnagen können. Zeichnung M. Bertsch

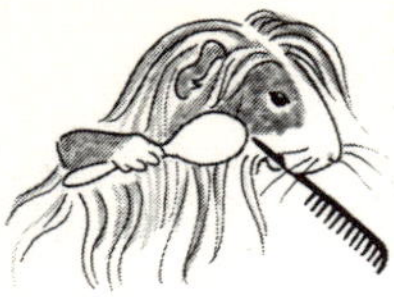



Nahrung verweigern, und eine Behandlung beim Tierarzt ist dringend notwendig. Wenn die Zähne dann gekappt sind, ist das Problem aber meistens leider noch nicht gelöst. Die Tiere können das Fressen inzwischen regelrecht verlernt haben und auch weiterhin jede Nahrungsaufnahme verweigern. Hier bleibt nur noch die Möglichkeit der Zwangsernährung. Es ist nämlich möglich, die Tiere einige Zeit lang mit Karottenbrei für Kleinkinder zu ernähren, den man ihnen mit einer Kunststoffspritze (natürlich ohne Nadel) direkt ins Maul drückt. Hierbei führt man die Spritze nicht von vorne, sondern schräg von der Seite ins Maul ein, weil dort keine langen Nagezähne den Weg versperren. Pro Tier und Tag sind etwa viermal 20 ml des Breis ausreichend. Trotzdem ist diese Methode keine Garantie für die Genesung des Tieres, denn schließlich kann die Zwangsernährung auf lange Sicht nicht ausreichend sein. Ich habe einmal zwei Angoraböcke drei Monate lang so ernährt, und trotzdem hat nur einer überlebt.

Sie sehen also, es ist besser, gleich dafür zu sorgen, daß genügend Trockenfutter und altes Brot im Käfig vorhanden sind. Zusätzlich empfiehlt es sich, das Gewicht des Tieres ab und zu zu kontrollieren. Ein gesundes Meerschweinchen sollte etwa 800—1000 g wiegen. Es gibt aber durchaus auch Böcke, die bis zu 1,5 kg auf die Waage bringen.

## Krallenschneiden

Neben der Zahnpflege ist auch die Kontrolle der Krallen ein wichtiger Bestandteil der regelmäßigen Meerschweinchenpflege. Es ist wichtig, daß die Krallen der Tiere nicht zu lang werden, da sie sonst beim Laufen hinderlich sein können. Da die meisten Meerschweinchen nicht selber dafür sorgen, muß der Mensch hier eingreifen und die Krallen kürzen. Dies sollte man aber erst tun, wenn es wirklich nötig ist, denn hat man einmal damit angefangen, muß man es regelmäßig tun. Genau wie beim Haareschneiden muß man auch hier sehr vorsichtig sein. Wieder sollte ein Helfer das Tier festhalten, während man die Krallen kappt. Hierzu benutzt man am besten eine scharfe Schere oder ein Manikürebesteck. Aber Vorsicht, schneiden Sie nie zuviel ab, denn auch in den Krallen befinden sich Blutgefäße. Wenn diese verletzt werden, kann es zu gefährlichen Entzündungen kommen, weil die Tiere im Käfig ja ständig durch ihren eigenen Kot laufen. Bei hell ge-

So hält man ein Meerschweinchen beim Krallenschneiden.
Zeichnung A. Paysan

färbten Tieren ist es einfach, die richtige Stelle zu finden, man schneidet nur den durchsichtigen Teil der Krallen ab. Bei dunklen Tieren muß man vorsichtiger sein, denn bei ihnen ist nicht zu erkennen, wo die Blutgefäße beginnen. Wenn Sie alle in diesem Kapitel genannten Hinweise zur richtigen Pflege beachten, so wird das nachfolgende Kapitel einen rein informativen Charakter für Sie haben.

# Was tun, wenn das Meerschweinchen krank ist?

Meerschweinchen sind im allgemeinen sehr widerstandsfähig und wenig anfällig für Krankheiten. Im Zweifelsfall empfiehlt sich aber immer der Weg zum Tierarzt. Er ist der einzige, der bei einer ernsthaften Erkrankung eine Diagnose stellen sollte. Dies ist auch der Grund, warum an dieser Stelle keine vollständige Auflistung aller Meerschweinchenkrankheiten und deren Behandlung folgt. Das würde wohl auch den Rahmen dieses Buches sprengen. Wir wollen den Schwerpunkt auf die Vorbeugung und somit auf die Verhütung von Krankheiten legen.

Die meisten Krankheiten kann man in fünf Kategorien einteilen:

- Erbkrankheiten
- Durch falsche Ernährung oder Haltung verursachte Krankheiten
- Durch Bakterien oder Viren verursachte Erkrankungen
- Parasitische Krankheiten
- Äußere Verletzungen

Auf Erbkrankheiten wollen wir nicht lange eingehen. Da es sich meistens um äußere Verkrüppelung handelt, gibt es kaum Behandlungsmöglichkeiten. Es kommen vor allem Epilepsie, Augenlosigkeit und Vielzehigkeit vor. Wir wollen aber davon ausgehen, daß Sie ein gesundes Tier erworben haben. Krankheiten, die dann auftreten, weil die Ernährung oder die Unterbringung ungeeignet sind, lassen sich da schon viel leichter behandeln. An erster Stelle steht hier natürlich immer die Suche nach der Ursache und die Behebung des Fehlers.

### Mangelerscheinungen

Obwohl das käufliche Fertigfutter eigentlich ausreichend sein sollte, leiden viele Meerschweinchen an Mangelerscheinungen. Vor allem der *Vitamin-C-Mangel* ist weit verbreitet. Meistens ist der Mangel jedoch nicht so akut, daß er direkt zu einer Erkrankung führt. Aber gerade durch Vitamin-C-Mangel wird das natürliche Abwehrsystem des Meerschweinchens geschwächt, und so haben Krankheitserreger ein leichtes Spiel.

Die meisten Meerschweinchen verabscheuen jedoch alles, was sauer schmeckt, und so wehren sie sich gegen jede Vitamin-C-Zufuhr im Futter, egal ob in pulverisiertem Zustand oder in Form von Vitamin-C-haltigem Obst. Falls Ihr Meerschweinchen in dieser

Hinsicht eine Ausnahme darstellt und doch solches Obst annimmt, sollten Sie das ausnutzen und dafür sorgen, daß es zu keiner Mangelerscheinung kommt. Man kann aber auch neben dem üblichen Grünfutter ab und zu ein Bund Petersilie verfüttern. Das nehmen die Tiere gerne, und es enthält tatsächlich Vitamin-C. Wenn der Vitamin-C-Mangel zu groß wird, dann kommt es, genau wie beim Menschen, zu Skorbut. Das äußert sich durch Lockerung der Zähne und in akuten Fällen durch die typische Gesichtsschmerzstellung. Hierbei liegt das Tier auf der Seite und spreizt die Beine weit ab. Dann hilft nur noch massive Vitamin-C-Zufuhr, am besten in Form von aufgelöstem Vitamin-C (Ascorbinsäure aus der Apotheke). Etwa eine Messerspitze reicht pro Tier und Tag aus. Vitamin-C ist übrigens das einzige Vitamin, das Sie ohne Bedenken auch zur Vorbeugung geben können. Bei allen anderen Vitaminen kann es bei Überdosierung zu Vergiftungserscheinungen kommen.

Bei anderen Mangelerscheinungen, die zum Beispiel durch Haarausfall oder Hautekzeme sichtbar werden, empfiehlt sich die tägliche Verabreichung eines Multivitaminpräparates. Außerdem sollte natürlich auch die Quelle des Übels behoben werden, denn bei richtiger Ernährung kommt es nicht zu solchen akuten Mangelerscheinungen.

## Erkältungskrankheiten

Tiere, die schon geschwächt sind, sind natürlich besonders anfällig für Erkältungen. Hier kommen oft Mangelerscheinungen mit einer falschen Standortwahl zusammen. Ein kalter, dunkler Keller oder ein zugiger Flur sind eben nicht der richtige Platz für einen Meerschweinchenkäfig. Bei so verursachten Erkältungen ist folgendes zu tun:

- Die Quelle des Übels ist abzustellen.
- Das Tier muß warmgehalten werden.
- Die Abwehrkräfte des Tieres müssen durch Vitaminzufuhr gestärkt werden.

Wesentlich ungefährlicher, wenn auch ebenso unangenehm, sind durch Zugluft verursachte Augenentzündungen. Auch hier muß man natürlich als erstes dafür sorgen, daß das Tier beziehungsweise der Käfig aus der Zugluft herauskommt. Zusätzlich sollte man das Meerschweinchen noch mit Augentropfen für Säuglinge behandeln.

Um starke Temperaturunterschiede zu vermeiden, sollten Sie mit Ihrem Meerschweinchen nur nach draußen gehen, wenn es wirklich warm ist.

# Krankheit

Richtig wohl fühlt sich der südamerikanische Nager bei Temperaturen um 20 °C.
Wenn Sie Ihr Meerschweinchen draußen halten, ist die Erkältungsgefahr wesentlich größer. Bei Freilandhaltung empfiehlt es sich daher, die Tiere vorsorglich mit Vitamin-C zu versorgen. Kälte allein verursacht nämlich im allgemeinen noch keine Erkältung. Meistens kommen noch andere Faktoren hinzu, zum Beispiel Feuchtigkeit, Zugluft, häufig wechselnde Temperaturen oder eine Schwächung durch falsche Ernährung.

## Virus- und Bakterienerkrankungen

Für einen Laien sind von Viren und Bakterien verursachte Krankheiten sehr schwer zu diagnostizieren, und der Weg zum Tierarzt ist in den meisten Fällen unumgänglich, wenn man das Tier retten will.
Die am meisten gefürchteten Viruserkrankungen sind wohl die *Meerschweinchenpest* und die *Meerschweinchenlähme.* Sie haben fast die gleichen Symptome, nämlich Krämpfe und Lähmungen vor allem der Hinterbeine. Es gibt noch viele Viruserkrankungen, die zwar nicht so häufig, aber ebenso gefährlich sind. Wichtig ist nur, daß auch scheinbar harmlose Symptome wie zum Beispiel struppiges Fell, Nasenausfluß, Husten, Durchfall oder Veränderungen des allgemeinen Verhaltens Hinweise auf Viruserkrankungen sein können. Bei allen Viruserkrankungen gilt aber folgendes: Man muß davon ausgehen, daß äußerste Ansteckungsgefahr besteht. Erkrankte Tiere müssen sofort isoliert werden, wenn man nicht den ganzen Bestand verlieren will.
Die wohl am häufigsten genannte bakterielle Erkrankung ist die sogenannte *Pseudotuberkulose.* Die äußeren Symptome dieser Krankheit sind Durchfall, dadurch verursachter Gewichtsverlust und Lähmungen. Auch diese Krankheit ist sehr ansteckend und kann in wenigen Tagen oder Wochen eine ganze Zucht vernichten. Sehr gefährlich ist auch ein ansteckender *Schnupfen,* aus dem sehr schnell eine *Lungenentzündung* werden kann. Man sollte die Folgen einer solchen Erkrankung nicht unterschätzen. Etwa die Hälfte der erkrankten Tiere verendet daran.
Sie sehen, daß das äußere Erscheinungsbild dieser Gruppe von Erkrankungen sehr vielfältig ist. Und die gleichen Symptome können durchaus auf verschiedene Krankheiten hinweisen. Was zu tun ist kann im Einzelfall nur ein Tierarzt entscheiden. Folgende Symptome sollten den Meerschwein-

chenbesitzer aber sofort mißtrauisch machen: Nasenausfluß, verklebte Augen, struppiges Fell, Durchfall, Gewichtsverlust, Lähmungen, Erbrechen, Keuchen, Krämpfe und Veränderungen des Verhaltens.

### Ungeziefer

Bei Parasiten unterscheidet man zwei Gruppen. Einmal Parasiten, die in die Tiere eindringen, wie zum Beispiel Bandwürmer. Und zweitens Parasiten, die sich im Fell oder auf der Haut der Tiere festsetzen. Hier können beim Meerschweinchen *Flöhe, Läuse, Milben, Haarlinge* und bei im Freien gehaltenen Tieren blutsaugende *Zecken* auftreten.
Der Befall äußert sich meist durch vermehrtes Kratzen, Unruhe und Schütteln des Fells. Sichtbare Folgen sind kahle Stellen und gerötete Haut mit Schuppen- und Krustenbildung. Im fortgeschrittenen Stadium kann es zu Ekzemen und nässenden Wunden kommen, die sich leicht infizieren.
Hilfe bieten spezielle Sprays, die den Parasitenbefall verhindern beziehungsweise bekämpfen. Bei starkem Befall sprüht man die Tiere alle ein bis zwei Tage damit ein. Dabei sollten jedoch die Gesichtspartie, vor allem Nase und Augen, verschont bleiben.

### Würmer

Würmer sind nicht einfach zu erkennen und zu bekämpfen. *Bandwürmer, Rundwürmer* und *Leberegel* sind wohl die häufigsten Parasiten beim Meerschweinchen. Gewichtsverlust und Veränderung des Kots lassen auf einen Parasitenbefall schließen. Bei einem gesunden Tier sollte der Kot trocken sein und eine runde längliche Form haben. Die Farbe kann je nach Fütterung zwischen braun, grün und als Reaktion auf die Verfütterung von Mohrrüben sogar bis zu orange variieren. Manche Parasiten kann der Tierarzt auch nur bei genauerer Untersuchung des Blutes oder des Kotes feststellen. Die meisten dieser Schmarotzer lassen sich durch Wurmkuren, die der Tierarzt verordnen kann, erfolgreich bekämpfen. Den Befall durch diese Würmer kann man verhindern, wenn man die Tiere von sogenannten Zwischenwirten fernhält. Die meisten dieser Parasiten leben nämlich in einem anderen Stadium ihrer Entwicklung auf anderen Wirten. Diese Zwischenwirte sind bei jedem Parasiten andere. Beim Leberegel ist es zum Beispiel die Ameise. Es können aber auch andere Insekten oder auch Wirbeltiere sein. Im allgemeinen kann man sagen, daß bei sauberem Käfig und einwandfreiem Futter die Wahrscheinlichkeit eines Parasitenbefalls sehr gering ist.

# Krankheit

## Verletzungen

Zum Schluß kommen wir zu Verletzungen, die durch äußere Einflüsse verursacht wurden. Kleinere Wunden kann man leicht selber behandeln. Man schneidet das Fell um die Wunde herum kurz, beziehungsweise rasiert es ganz ab und behandelt die Stelle mit Jod oder einer Wundsalbe. Ist die Verletzung an der Pfote, so wird es schon schwieriger, denn man muß verhindern, daß Kot in die Wunde eindringt. Am besten wechselt man täglich das Einstreu des Stalles und versucht, einen Verband anzulegen. Das ist meistens jedoch zwecklos, denn die Tiere sind von diesem Fremdkörper gar nicht begeistert und werden bald versuchen, ihn loszuwerden. Größere Wunden muß der Tierarzt behandeln und vielleicht sogar nähen.

Nun sollten Sie sich durch diese Schilderungen nicht von der Meerschweinchenhaltung abschrecken lassen, denn wenn Sie Ihr Tier richtig behandeln, ist es sehr unwahrscheinlich, daß es krank wird. Falls sich doch einmal Zeichen einer Krankheit einstellen, scheuen Sie nicht den Weg zum Tierarzt, der sich auf Kleintiere spezialisiert hat und dessen Behandlung oft nur ein paar Mark kostet. Und das sollte Ihnen Ihr Meerschweinchen schon wert sein.

# Verhalten

## Meerschweinchen unter sich

Meerschweinchen sind wohl die friedlichsten Tiere, die man sich vorstellen kann. Sie haben keine natürlichen Verteidigungsmöglichkeiten gegenüber Raubtieren. Ihre langen, spitzen Nagezähne benutzen sie nur im Kampf mit den eigenen Artgenossen um Futter oder Weibchen. Diese Kämpfe enden aber meist unblutig. Ein Kampf besteht im allgemeinen aus einem großartigen Imponiergehabe, bei dem sich die Rivalen gegenüberstehen und ihre Köpfe hoch in die Luft stecken, wahrscheinlich um größer auszusehen. Gleichzeitig lassen sie ein Zähneknirschen hören. Der eigentliche Kampf besteht meistens nur aus einem bis zwei kurzen Bissen, die den Unterlegenen in die Flucht treiben. Ernsthafte Kämpfe gibt es nur unter Männchen und dann auch nur, wenn sie sich nicht kennen oder ein Weibchen in der Nähe ist. Zwei Böcke, die zusammen aufgewachsen sind, werden friedlich sein.

Ein anderes typisches Verhalten, nämlich das Rudelverhalten, kommt nur zum Ausdruck, wenn man mehrere Meerschweinchen zusammen hält.

Imponierhaltung. Zeichnung A. Paysan

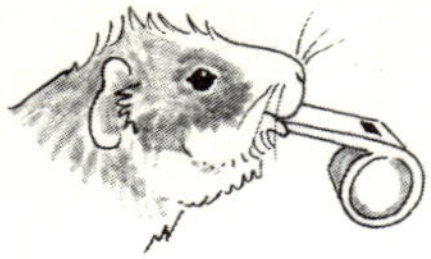



Wer in einem ausreichend großen Käfig viele Weibchen und einen bis zwei Böcke hält, der wird bald feststellen, daß sich um jeden Bock eine Gruppe von Weibchen schart, welche zusammen einen mehr oder weniger festen Verband darstellen. Männliche Eindringlinge einer fremden Gruppe werden bald verjagt. Auch die männlichen Jungtiere einer Gruppe werden nur so lange geduldet, bis sie geschlechtsreif sind. Das sind dann auch die seltenen Situationen, in denen es zu den vorher beschriebenen Streitigkeiten und Beißereien kommen kann.

Ein typisches Rudelverhalten kann man aber auch beobachten, wenn man nur zwei Meerschweinchen hält, nämlich das Nachlaufen. Wenn man die Tiere auf einer größeren Fläche laufen läßt, so kann man beobachten, daß die Tiere meistens relativ dicht hintereinander laufen. Im allgemeinen wird es immer das gleiche Tier sein, welches vorausläuft. Auch bei Tieren gibt es also typische Anführer und typische Nachläufer. Die Anführer sind meistens die kräftigeren und mutigeren Tiere, die auch im Käfig die Oberhand haben. Aber es gibt immer mal Ausnahmen. So habe ich zum Beispiel zwei vollkommen verschiedene Tiere in einem Käfig. Einen großen muskulösen Bock und einen sehr zierlichen. Im Käfig hat der große Bock die absolute Herrschaft. Außerhalb des Käfigs verliert er jedoch allen Mut und verkriecht sich in die nächste Ecke. Und so kann der kleinere dann das Kommando übernehmen.

## Unser Meerschweinchen und andere Haustiere

Das Meerschweinchen benimmt sich gegenüber allen anderen Lebewesen zuerst einmal neutral, egal ob es ein größeres oder ein kleineres Tier ist. Neben meinen Meerschweinchen halte ich auch noch einige andere Tiere, wie zum Beispiel Mäuse und Streifenhörnchen. Aber alle meine anfänglichen Versuche, die Tiere aufeinander aufmerksam zu machen, um irgendeine Reaktion hervorzurufen, sind gescheitert. Die Meerschweinchen, die ja im allgemeinen isoliert aufgewachsen sind und nur ihre Artgenossen kennen, ignorieren einfach alle anderen Tiere. Das kann natürlich gefährlich werden, wenn es sich um ein Raubtier handelt. Wie die meisten Haustiere ist auch unser Meerschweinchen gegenüber Raubtieren wie z. B. Katzen vollkommen hilflos.

Es gibt aber zwei Lebewesen, die nicht ignoriert werden. Das Kaninchen ist ei-

nes davon. Es wird von den Meerschweinchen bis zu einem gewissen Grad als Artgenosse anerkannt. Aber das andere Aussehen und das Unverständnis, das das Kaninchen gegenüber der Sprache des Meerschweinchens zeigt, verhindern die vollkommene Verbrüderung. Wenn ein Meerschweinchen zum Beispiel ein ausgewachsenes Kaninchen vom Futternapf vertreiben will, so macht es natürlich die für Meerschweinchen typischen Drohgebärden. Ein Kaninchen hat aber ganz andere Verhaltensmuster und versteht die Drohung nicht. Unser Meerschweinchen wird dann seine Drohung in die Tat umsetzen und zubeißen. Im allgemeinen beißen Meerschweinchen aber so vorsichtig zu, daß sie gar nicht erst durch den Pelz des Kaninchens kommen. Meistens trennen sich die vermeintlichen Gegner in vollkommenem Unverständnis für die Ignoranz des anderen.
Ein ganz anderes Verhalten zeigt sich, wenn man Kaninchen und Meerschweinchen in einem Käfig zusammen laufen läßt. Wenn ich einige meiner Meerschweinchen mal ins Kaninchengehege meines Nachbarn setze, so scheint es bald, als wollten sie die wilden Sprünge der Kaninchen nachahmen. Im allgemeinen sollten Sie aber nie mehr als ein Kaninchen zwischen Ihren Meerschweinchen halten, denn Kaninchen, vor allem Rammler, sind sehr viel aggressiver als unsere kleinen Nager.
Wenn ich hier von Kaninchen rede, meine ich übrigens immer Zwergkaninchen, die in den Geschäften fälschlicherweise als Zwerghasen gehandelt werden. Richtige Schlachtkaninchen sind für unsere Meerschweinchen als Stallgenossen wohl doch eine Nummer zu groß. Falls Sie übrigens ein Kaninchen kaufen wollen und nicht sicher sind, ob es sich um ein Zwergkaninchen oder um ein großes Kaninchen handelt, sollten Sie auf die Ohren des Tieres achten. Relativ kurze Ohren weisen auf ein Zwergkaninchen, lange, spitze Ohren dagegen auf ein großes Kaninchen hin.

## Wie behandle ich mein Meerschweinchen richtig?

Im Gegensatz zum Kaninchen wird der Mensch natürlich nie als Artgenosse angesehen, und das Verhalten des Meerschweinchens ist in allem abhängig vom Verhalten des Menschen. Beißen wird ein Meerschweinchen den Menschen nur im Ausnahmefall. Ich halte seit zehn Jahren Meerschweinchen und bin erst einmal gebissen

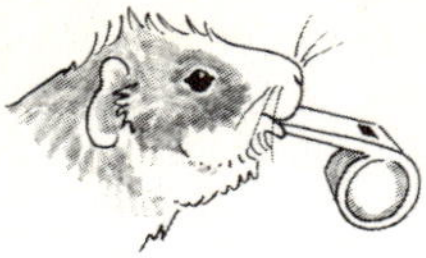

# Verhalten

worden. Es war sogar ein ausgesprochen friedliches Tier, das jedoch während einer schmerzhaften Untersuchung beim Tierarzt mehr aus Angst und Schmerz als aus böser Absicht in das erste beste biß, was ihm vor die Schnauze kam. Und das war leider mein Finger. Dies ist ein typisches Beispiel dafür, daß in einer außergewöhnlichen Streßsituation die normalen Verhaltensmuster nicht mehr gelten. Das ist aber wohl bei allen Lebewesen so und nicht nur bei Meerschweinchen.

Im Normalfall wird ein Meerschweinchen keinen Menschen beißen. Wer seinem Tier vertraut, der sollte einmal versuchen, ihm seinen Finger ins Maul zu stecken. Auch dann wird ein Meerschweinchen nicht zubeißen, sondern höchstens versuchen, das Salz von den Fingern zu lecken. Wer einmal von einem Meerschweinchen gebissen wird, der kann fast vollkommen sicher sein, daß er etwas falsch gemacht hat und nicht das Tier.

Falls Ihr Meerschweinchen doch einmal zubeißen sollte, so ist es übrigens sinnlos, es zu schlagen oder sonstwie zu bestrafen. Das Tier würde den Zusammenhang zwischen Tat und Strafe nicht erkennen, und man würde es nur zusätzlich verängstigen. Damit Sie Ihr Meerschweinchen besser verstehen lernen, sollen hier nun einige Beispiele typischer Verhaltensweisen und deren Bedeutung beschrieben werden.

Wenn das Meerschweinchen Angst hat, so wird es sich möglichst schnell in die nächste dunkle Ecke flüchten oder versuchen, eine Höhle zu finden. Dies ist das typische Verhalten eines Höhlentieres, dessen einzige Verteidigung die Flucht ist. Wenn es keine Unterschlupfmöglichkeit findet, wird es versuchen, so weit wie möglich zu flüchten. Wenn ihm alle Fluchtwege abgeschnitten sind, bleibt es mit dem Rücken zur Wand stehen und verhält sich vollkommen still.

Alle diese beschriebenen Angstreaktionen werden Sie wahrscheinlich erleben, wenn Sie anfangs versuchen, Ihr Meerschweinchen zu greifen. Daher ist es vor allem in der ersten Zeit wichtig, daß Sie sehr behutsam mit dem Tier umgehen, damit Sie ihm die Angst nehmen.

Die kleinen Schweinchen schlafen übrigens nur sehr wenig. Obwohl sie als tagaktive Tiere gelten, sind sie auch einen großen Teil der Nacht wach. Die Tiere schlafen nur etwa 4–6 Stunden lang. Das werden Sie vor allem merken, wenn Sie Ihr Tier im Schlafzimmer halten, und wenn Sie lärmempfindlich sind, sollten Sie die Meerschweinchen woanders unterbringen.

Zum Schluß kommen wir noch zu einem etwas seltsamen Verhalten, das

Sie aber nicht beunruhigen sollte. Die Tiere fressen gelegentlich ihren Kot. Das ist ein Verhalten, das man auch bei Kaninchen sehen kann und das mit der Verdauung zusammenhängt.

## »Pfeifen«, Quietschen, Grunzen . . .

Anhaltspunkte, an denen Sie den jeweiligen Gemütszustand Ihres Meerschweinchens ablesen können, sind natürlich die Laute, die es von sich gibt. Ein leises Pfeifen, man kann es fast schon ein Piepen nennen, weist darauf hin, daß Ihr Meerschweinchen rundum zufrieden ist. Meistens hört man es nach langem, ausgiebigem Streicheln. Das häufigste Geräusch ist aber wohl ein lautes, sich immer wiederholendes Pfeifen von etwa 1 Sekunde Dauer. Mit diesem Pfeifen wird im allgemeinen die Bezugsperson begrüßt, wenn gefüttert wird. Das Knistern einer Plastiktüte löst bei meinen Meerschweinchen sofort ein lautes Pfeifkonzert aus. Andere Tiere sind auf andere Geräusche fixiert, die regelmäßig vor dem Füttern zu hören sind, zum Beispiel

Meerschweinchen in Schlafstellung.
Zeichnung A. Paysan

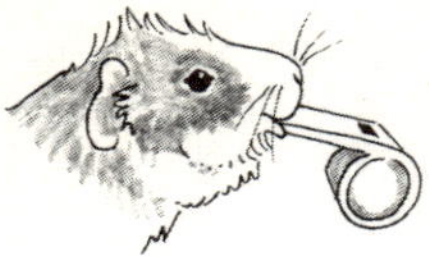

# Verhalten

das Quietschen einer Kühlschranktür oder das Knarren einer Treppe. Manchmal bricht so ein Pfeifkonzert aber auch ohne ersichtlichen Grund aus, und nach und nach stimmen alle Tiere mit ein.

Wohl eines der durchdringendsten Geräusche, die ich je gehört habe, ist der Schmerzensschrei eines Meerschweinchens. Das ist ein sehr hoher und lauter Pfeifton, der nur zum Luftholen unterbrochen wird. Einen derart lauten Schrei, der fast wie eine Sirene klingt, traut man einem so kleinen Tier kaum zu.

Als letztes Geräusch aus dem Repertoire des Meerschweinchens kommen wir nun zu dem tiefen, abgehackt klingenden Grunzen, das sich schon fast wie ein Knattern anhört. Ich habe beobachtet, daß dieses Grunzen als Reaktion auf vollkommen neue und ungewohnte Geräusche zu hören ist. Im allgemeinen dient es zur Begrüßung der Tiere untereinander und zum Anlocken des Weibchens. Es ist fast immer verbunden mit einer wiegenden Bewegung des Hinterleibes. Zum Paarungsverhalten, das damit eng verbunden ist, kommen wir noch im Kapitel »Zucht und Aufzucht«.

Abschließend kann man sagen, daß sich die Meerschweinchen zwar an gewisse Verhaltensmuster halten, daß sich aber trotzdem kein Tier genau wie ein anderes benimmt. Da sich die Tiere schon lange in Gefangenschaft befinden, hat sich ihr Instinkt, wie bei anderen Haustieren auch, zurückgebildet. Dadurch gibt es immer wieder Abweichungen von den normalen Verhaltensmustern. Hinzu kommt noch, daß Tiere, die alleine gehalten werden, die Kontaktfähigkeit zu anderen Artgenossen verlieren können. So zeigt sich zum Beispiel ein abnormales Paarungsverhalten bei Böcken, die isoliert aufgewachsen sind.

Manche Tiere schließen sich auch vollkommen dem Menschen an. Sie laufen ihrer Bezugsperson nach und verlieren jedes Interesse an anderen Artgenossen oder werden sogar aggressiv.

Auf jeden Fall sollten Sie das Verhalten Ihres Meerschweinchens von Anfang an genau studieren, um spätere Abweichungen schnell bemerken zu können. Plötzliche Veränderung im Verhalten des Tieres können zum Beispiel auf eine Erkrankung hinweisen.

# Wir züchten Meerschweinchen

Wer sich entschlossen hat, Meerschweinchen zu züchten, der kann sicher sein, daß seine Bemühungen schon bald von Erfolg gekrönt werden, denn Meerschweinchen sind ja für ihre große Vermehrungsfreudigkeit bekannt.

Pro Jahr und Weibchen kann ein erfahrener Züchter durchaus auf 16 oder mehr Jungtiere kommen. Da die Jungtiere schon im Alter von 1–2 Monaten geschlechtsreif sind, kann man rein theoretisch innerhalb eines Jahres die Anzahl seiner Tiere von zwei auf über vierhundert(!) vergrößern.

Es soll hier aber von vornherein betont werden, daß sich eine solche Meerschweinchengroßproduktion nicht lohnt. Die Zeiten, in denen man mit der Meerschweinchenzucht sein Geld verdienen konnte, sind längst vorbei. Der Markt an Meerschweinchen für Zoogeschäfte ist gesättigt. Bedarf herrscht nur noch in den Versuchslabors der pharmazeutischen und kosmetischen Industrie. Und dieser Bedarf wird von einigen Großzüchtern gedeckt.

Da Sie aber sicher nicht wollen, daß Ihre Jungtiere in einem Labor enden, empfehle ich Ihnen, sich auf wenige, aber attraktive Zuchttiere zu beschränken. An wirklich rassisch hochwertigen Meerschweinchen herrscht ein echter Mangel. Das liegt vor allem daran, daß es bei uns in Deutschland noch keine Meerschweinchenzüchtervereinigungen gibt. Eine solche Vereinigung wäre zur Reinerhaltung und Weiterzucht der Rassen von großem Vorteil.

Bevor man mit der Zucht beginnt, sollte man aber auf jeden Fall sicher sein, die Tiere bei Freunden und Bekannten oder, wenn diese alle versorgt sind, bei einem Tierhändler unterbringen zu können, damit Ihre Jungtiere nicht doch noch in einem Labor oder als Futter im Käfig einer Schlange landen.

## Was man wissen sollte

Bevor man mit der Zucht beginnt, sollte man folgendes wissen: Das Weibchen wird alle 10–18 Tage für 24 Stunden brünstig.

Das Paarungsverhalten ist schnell beschrieben. Das Männchen umkreist mit einem tiefen, grunzenden Ton und einer wiegenden Bewegung des Hinterleibes das Weibchen, das – je nach-

dem, ob es brünstig ist oder nicht — sich davon beeindrucken läßt oder nicht.
Die Tragezeit dauert zwischen 60 und 74 Tagen. Die Anzahl der Jungen variiert zwischen drei und sieben. Ein junges Muttertier, das zum erstenmal wirft, wird meistens weniger Junge haben als ein älteres Muttertier, das schon öfter geworfen hat.
Die Tiere brauchen übrigens kein zusätzliches Nistmaterial, denn die Jungen sind ausgesprochene Nestflüchter. Sie sind keineswegs so hilflos wie zum Beispiel junge Kaninchen, die ja nackt und mit geschlossenen Augen geboren werden. Unsere Meerschweinchen sind dagegen fertige Miniaturausgaben ihrer Eltern. Vom ersten Tag an laufen sie im Käfig herum und haben ihr fertiges Fellkleid.
Sie können auch sofort festes Futter aufnehmen, trotzdem werden sie natürlich von der Mutter gesäugt, und zwar 14—20 Tage lang. Erst nach Ablauf dieser Zeit können die Jungtiere gefahrlos von dem Muttertier getrennt werden. Vor allem bei Jungtieren, die ja fast täglich zunehmen, ist es sehr schön, wenn man eine Liste anfertigt, in die man jede Woche das Gewicht einträgt. So hat man die Fortschritte, die das Tier macht, immer vor Augen und kann sofort feststellen, wenn etwas nicht stimmt.

Wachstumskurve eines jungen Tieres. Bei Mehrlingsgeburten liegt das Geburtsgewicht eher bei 60—80 Gramm.

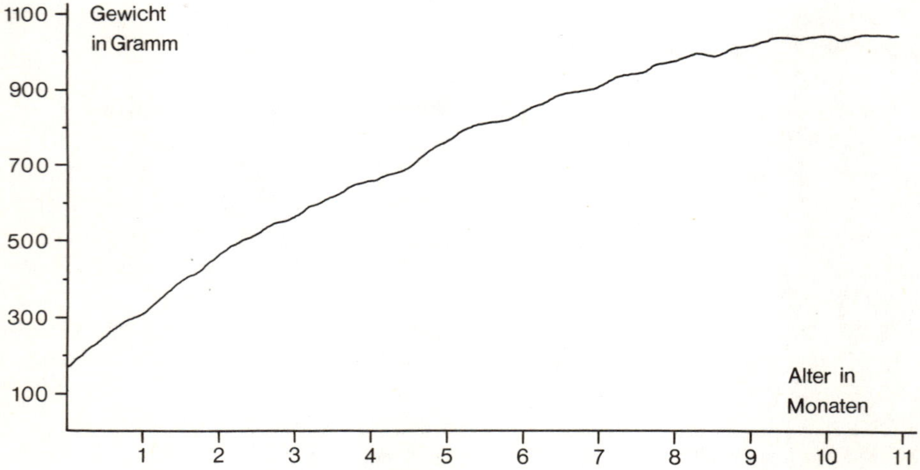

Das Weibchen ist übrigens sofort nach der Geburt wieder brünstig. Diese Brunstzeit nutzen die professionellen Züchter natürlich aus, um auf eine optimale Anzahl von Würfen pro Jahr zu kommen. Wenn die Jungtiere etwa 1–2 Monate alt sind, werden sie geschlechtsreif. Bis dahin sollte man ihr Geschlecht festgestellt haben, damit man Weibchen und Böcke in getrennten Käfigen unterbringen kann. Während der Tragezeit und auch nach der Geburt kann das Männchen im allgemeinen im Käfig belassen werden.
Wer Meerschweinchen züchtet, der sollte jedoch vermeiden, zwei oder mehr Böcke zusammen in einem Käfig mit den Weibchen zu halten, da sie sich gegenseitig verletzen könnten. Wenn man zwei Böcke seit ihrer Jugend zusammen hält und kein Weibchen im Käfig ist, werden sie hingegen friedlich sein.

Zur Zucht sollte man nicht zu junge Tiere nehmen, sie sollten schon ein paar Monate alt sein, denn Weibchen, die zu früh werfen, bleiben in ihrem Wachstum zurück. Mit etwa fünf Jahren verlieren Meerschweinchen ihre Fruchtbarkeit. Die normale Lebensdauer beträgt jedoch 6–8 Jahre, es sind sogar Fälle bekannt, in denen einzelne Exemplare über zehn, ja fünfzehn Jahre alt geworden sind.

## Geschlechtsbestimmung

Zur Geschlechtsbestimmung benutzt man am besten die sogenannte Schocklage, die auch bei anderen Untersuchungen sehr nützlich ist (Bild S. 56). Die Schocklage ist möglich durch ein Verhalten, das sich bei allen Kleinsäugern zeigt. Wenn man diese Tiere nämlich mit einer schnellen Handbewegung auf den Rücken dreht, bleiben sie bis zu einer Minute lang vollkommen bewegungslos liegen.
Zur Geschlechtsbestimmung fährt man dem Tier dann mit leichtem Druck mit dem Daumen über den Bauch in Richtung Genitalien. Bei einem Bock tritt dann der Penis heraus. Die rechtzeitige Trennung nach Geschlechtern ist sehr wichtig, denn gerade Inzucht sollte nur kontrolliert stattfinden. Man kann durch Inzucht sehr schöne Zuchtergebnisse erzielen. Trotzdem sollte man sich bewußt sein, daß bei fortschreitender Inzucht die Gefahr einer Mißbildung ansteigt.
Eine beliebte Inzuchtmethode ist das Kreuzen des besten männlichen Jungtieres mit dem Muttertier und des besten weiblichen Jungtieres mit dem männlichen Elternteil. Wer solche Tiere züchten will, der sollte sich einen Überblick über die Genetik des Meerschweinchens verschaffen.

# Rassen

Bei uns und auch im benachbarten Ausland sind drei Rassen des Meerschweinchens verbreitet, die man nur noch als entfernte Verwandte des Wildmeerschweinchens bezeichnen kann.

## Das Englische Meerschweinchen

Als Englisches Meerschweinchen bezeichnet man alle Exemplare mit kurzem glattem Fell. Das Englische Meerschweinchen ist wohl das am weitesten verbreitete. Zu dieser Rasse gehören mehrere Gruppen, die sich vor allem durch Farbe und Form der Flecken unterscheiden.
Einfarbige Tiere kommen in den Farben Weiß, Creme, Beige, Rot, Lila, Braun und Schwarz vor. Die weißen Albinos mit den roten Augen kommen meistens erst gar nicht in die Tierhandlungen, weil sie relativ unattraktiv aussehen. Es gibt aber durchaus auch weiße Meerschweinchen, die keine Albinos sind, denn Russen- oder Himalayameerschweinchen sind ebenfalls weiß. Sie haben aber dunkle Augen und schwarze Extremitäten und Ohrenspitzen. Diese sehr schöne schwarze Zeichnung, die es auch bei Kaninchen gibt, kommt bei manchen Tieren aber erst bei längerer Kälteeinwirkung zum Durchbruch.

Aguti-Meerschweinchen sind auch einfarbig. Das Wildaguti ist jedoch grau und, wie sein Name schon sagt, dem Wildmeerschweinchen am ähnlichsten. Gold- und Silberagutis haben ein graues Fell mit goldenen beziehungsweise silbernen Spitzen. Und dann gibt es natürlich noch die beliebten Schecken, die zwei- oder dreifarbig gerne als Spielgefährten für Kinder genommen werden. Die begehrten Schildpattmeerschweinchen müssen möglichst viele gleichmäßige Flecken in weißer, roter, brauner oder schwarzer Farbe haben. Die Flecken sollten möglichst sauber sein, das heißt, in einem Fleck dürfen keine Haare einer anderen Farbe vorhanden sein. Auch sollten die Flecken sauber voneinander abgegrenzt sein.

Neben der Farbe und der Form der Flecken ist natürlich auch die Figur des Tieres entscheidend. Eine stumpfe Nase, große Augen und herabhängende Ohren werden hier bevorzugt.

## Das Angora-Meerschweinchen

Die Angoratiere sind wohl die Aristokraten unter den Meerschweinchen. Man erkennt sie leicht an dem langen seidigen Fell. Je länger das Haar ist, um so wertvoller ist das Tier.
Angora-Meerschweinchen kommen in allen Farben vor, aber sehr selten und daher auch besonders gefragt sind einfarbige Exemplare.
Die Angora-Meerschweinchen teilen sich in zwei Unterrassen auf. Die erste umfaßt Tiere mit langem Haar am ganzen Körper, die man auch Peruanische Meerschweinchen nennt. Die zweite enthält die Peruanischen Seidentiere, die am Kopf kurzes Fell, am übrigen Körper aber langes Haar haben.

## Das Rosetten-Meerschweinchen

In der Beliebtheit bei Kindern scheint das Rosetten- oder Abessinische Meerschweinchen dem Englischen den Rang abzulaufen. Die Tiere haben kurzes bis mittellanges Fell und kommen in allen Farben vor. Ein schönes Exemplar sollte mindestens sechs Wirbel haben, davon einen auf der Kruppe und einen kleineren auf dem Kopf.

# Nachwort

## Schlußbetrachtung

Abschließend bleibt noch einiges zu sagen. Sie haben vielleicht im Verlauf der Lektüre dieses Büchleins feststellen können, welche Erwartungen Sie an ein Meerschweinchen stellen können und dürfen. Dies sind ganz andere Erwartungen, als sie zum Beispiel ein Hundebesitzer hat. Meerschweinchen sind nicht so intelligent, und sie lassen sich auch nicht dressieren. Dafür sind sie aber absolut friedfertig und durchaus anhänglich. Einen wohlgesonnenen Besitzer werden sie bald laut pfeifend am Käfig begrüßen.

Durch ihr Verhalten, ihren Körperbau und ihr Aussehen sind sie besonders für Kinder geeignet. Aber man sollte diese Tiere nicht unterschätzen und sie als reine Spieltiere einstufen. Sie bieten auch dem Erwachsenen, der sich ernsthaft mit Genetik oder Tierzucht beschäftigen will, sehr gute Möglichkeiten. Durch die kurzen Generationszeiten, die extreme Fruchtbarkeit und die vielen Rassen und Farbschattierungen sind sie für solche Betätigungen die idealen Tiere.

Egal aus welchem Grund Sie ein Meerschweinchen halten, ob Sie den possierlichen Hausgenossen oder ein Studienobjekt suchen, wir haben versucht, Ihnen den kleinen Nager näherzubringen, und hoffen, alle Ihre Fragen zur Zufriedenheit beantwortet zu haben.

# Register

# Register

# Kuschelige Spielgefährten:

Liebenswerte Hausgenossen, die zu den von Kindern meistgewünschten Heimtieren gehören: Hamster, Chinchillas, Zwergkaninchen. Dabei hat jedes dieser niedlichen Nager seine Eigenschaften und besondere Vorlieben. Ihre Kosmos-Ratgeber helfen Ihnen mit einer Vielzahl praktischer Tips bei Haltung und Pflege. Damit Ihr kleiner Freund sich bei Ihnen vom ersten Tag an rundum richtig wohlfühlt.

Michael Kürschner
**Unser Hamster**
Ein niedlicher Hamster findet in der kleinsten Wohnung Platz. Ein unentbehrlicher Ratgeber für jeden Hamsterfreund.
72 Seiten, 55 Abb.
kartoniert
ISBN 3-440-06678-9

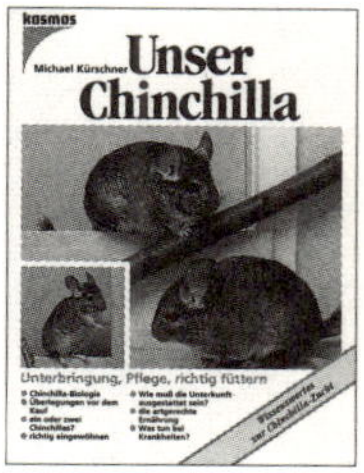


Michael Kürschner
**Unser Chinchilla**
Verspielt und zutraulich, aber eigenwillig: Was Sie zur Pflege und Haltung von Chinchillas wissen müssen.
72 Seiten, 33 Abb.
kartoniert
ISBN 3-440-06351-8

Andrea Dieker/
Jutta Steinkamp
**Unser Zwergkaninchen**
Kaninchen sind einach zu halten – wenn Sie ihnen genügend Auslauf bieten und sich oft mit ihnen beschäftigen. Wichtige Ratschläge und Tips.
72 Seiten, 35 Abb.
kartoniert
ISBN 3-440-06844-7

Überall wo's
Bücher gibt.

franckh
kosmos

Franckh-Kosmos
Stuttgart

# Klein, aber oho:

Sie gehören zu den kleinsten Nagern – und zu den beliebtesten Hausgenossen und Spielgefährten bei uns: Mäuse, Rennmäuse und die niedlichen Verwandten der Meerschweinchen, die Degus.
Sie sind einfach zu halten, werden rasch zahm und sind in ihrer Neugier und Unternehmungslust niedlich und interessant zu beobachten. In Ihren Kosmos-Ratgebern finden Sie alles was Sie zur Pflege und Haltung der munteren Nager wissen müssen.

**Mäuse, Rennmäuse, Degus – problemlos halten!**

Anna Sporon
**Unser Degu**
Die kleinen Nagetiere aus Chile sind anschmiegsame Gesellen mit ausgeprägtem Sozialverhalten. Alles über Eigenschaften, Haltung und Pflege.
72 Seiten, 40 Abb.
kartoniert
ISBN 3-440-06147-7

Carmen Rohrbach
**Unsere Rennmäuse**
Einfach und geruchlos zu halten, problemlos zu ernähren: Alles über Haltung und Pflege von Rennmäusen.
69 Seiten, 40 Abb.
kartoniert
ISBN 3-440-05716-X

Carmen Rohrbach
**Unsere Mäuse**
Pfiffig, neugierig, anpassungsfähig: Praktische Winke und Tips zur Mäusehaltung – von Unterbringung und Pflege bis zum Einfangen entwichener Tiere.
72 Seiten, 45 Abb.
kartoniert
ISBN 3-440-05859-X

Überall wo's Bücher gibt.

franckh kosmos

Franckh-Kosmos
Stuttgart